高校英语的多样化教学模式探究

薛　菲◎著

吉林出版集团股份有限公司

全国百佳图书出版单位

图书在版编目（CIP）数据

高校英语的多样化教学模式探究 / 薛菲著 . -- 长春：
吉林出版集团股份有限公司 , 2023.6

ISBN 978-7-5731-3919-1

Ⅰ.①高… Ⅱ.①薛… Ⅲ.①英语 – 教学模式 – 教学
研究 – 高等学校 Ⅳ.① H319.3

中国国家版本馆 CIP 数据核字 (2023) 第 128705 号

高校英语的多样化教学模式探究

GAOXIAO YINGYU DE DUOYANGHUA JIAOXUE MOSHI TANJIU

著　　者　薛　菲
责任编辑　赵　萍
封面设计　李　伟
开　　本　710mm×1000mm　　　　1/16
字　　数　200 千
印　　张　11.75
版　　次　2024 年 1 月第 1 版
印　　次　2024 年 1 月第 1 次印刷
印　　刷　天津和萱印刷有限公司

出　　版　吉林出版集团股份有限公司
发　　行　吉林出版集团股份有限公司
地　　址　吉林省长春市福祉大路 5788 号
邮　　编　130000
电　　话　0431-81629968
邮　　箱　11915286@qq.com
书　　号　ISBN 978-7-5731-3919-1
定　　价　71.00 元

作者简介

薛菲，女，汉族，硕士，烟台南山学院讲师。自 2008 年 7 月以来一直在烟台南山学院从事大学英语教学工作，研究方向为英语教育、新闻传播。已发表科研学术论文 10 篇，核心及以上论文 3 篇；主持并参与多项课题研究；指导学生参加全国英语大赛获奖 3 项。

前　言

英语具有很强的实践性，当今社会中的许多工作对人的英语水平都有很高要求。对于大学生而言，英语学习能让他们锻炼语言交际能力，提高大脑对于语言组织和语言逻辑性的处理能力，培养其创新能力。大学英语教学中，教师应着重培养学生的创新能力并不断优化自己的教学方式，转变教学理念以适应社会对教师和学生的新要求。随着信息时代的到来，知识系统的更新和代谢速度也十分迅速，因此学生要想不被时代抛弃，就必须拥有较强的应用能力、实践能力、创新能力、综合能力等，单凭传统教学模式和方法是不够的。教师应不断创新教学模式和方法，使学生有更多的机会去发展这种能力，为社会提供更多优质的人才，推进我国社会主义建设。

高校英语教学承担着培养语言基本功扎实、跨文化技能娴熟、国际视野宽广、中国情怀博大、专业基础宽厚、国际规范熟悉的国际化人才的使命，因此建设科学、完善的英语教学模式就成为实现这一目标的保障。针对教育部所启动的高校英语新一轮教学改革创新的要求，积极探索建设多样化的教学模式能够更好地满足社会的需求，符合学校的办学目标，对接院系的专业需要，助推学生的发展。

在内容上，本书共分为六个章节，第一章为绪论，主要就高校英语教学的内涵和原则、高校英语教学的影响因素、高校英语教学的理论基础、高校英语教学的现状和发展四个方面展开论述；第二章为高校英语教学改革概述，主要围绕高校英语教学改革的方向、高校英语教学改革的趋势两个方面展开论述；第三章为高校英语教学模式理论，依次介绍了建构主义理论基础、教学系统设计理论基础两个方面的内容；第四章为高校英语多样化教学模式，依次介绍了探究式教学模式、参与式教学模式、多模态教学模式、内容型教学模式四个方面的内容；第五章为高校英语教学创新模式之混合式教学模式，分为五部分内容，依次是混合式教学模式概述、语法教学的混合式教学模式、读写教学的混合式教学模式、听说教学的混合式教学模式、翻译教学的混合式教学模式；第六章为高校英语教学创新模式之任务型教学模式，主要从任务型教学模式概述语法教学的任务型教学模式、读写教学的任务型教学模式、听说教学的任务型教学模式、翻译教学的任务型教学模式五个方面展开研究。

在撰写本书的过程中，作者得到了许多专家学者的帮助和指导，参考了大量的学术文献，在此表示真诚的感谢。由于作者水平有限，书中难免会有疏漏之处，希望广大同行与读者及时指正。

薛菲

2023 年 4 月

目　录

第一章 绪 论

在日益激烈的国际竞争中，掌握英语已经成为一种基本能力，学会使用英语与国际友人进行交流，也成为一种日常现象。英语在高校教学中是一门重要的课程。本章主要内容为高校英语教学综述，分为高校英语教学的内涵和原则、高校英语教学的影响因素、高校英语教学的理论基础、高校英语教学的现状和发展四个部分。

第一节　高校英语教学的内涵和原则

一、英语教学的内涵分析

（一）教学的定义

在学习英语教学之前，我们要先了解教学是什么，要学会如何掌握教学内容。因为教学学科的不同，所以每个学科的关注点也不同，不同的专家学者对教学的定义也有所不同。"教学"在字面上能够看出是包含两种关系含义的：一种是"教"的含义，另一种是"学"的含义，"教"是"学"的前提，"学"是"教"的结果，两种含义属于并列关系。

（二）英语教学的定义

对于我们国家而言，我们的母语是汉语，母语首先是民族领域的概念，母语就是本民族语，反映的是个人作为某个民族的成员对本民族语言和民族文化的认同，不取决于获得的顺序，甚至不取决于是否获得。而英语属于我国的第二外语，外语一般指非本国语言。由于我们日常生活中大多数交流都是使用母语，交往对象都是中国人，所以缺乏一定的语言使用环境和语言使用对象，这种情况的出现就对英语教学提出了很大的挑战。英语教学是直接影响学习者语言运用能力的，实现学习目标，关键在于教师"教"的方法，学生"学"的过程。具体而言，英语教学定义主要有以下三个方面：

1. 英语教学是有目的的活动

英语教学分为不同的教学阶段，每个阶段的教学目的和意义都是不同的，并且每个阶段的教学目的都分为不同的层次。

2. 英语教学具有系统性和计划性

英语教学是系统性的语言教学，这种系统性的关键在于学校教学的管理者、教育机构以及教研部门。英语教学也具有计划性，主要来源于教师和学生，教师要计划如何进行教学，学生要计划如何学习。

3. 英语教学需要合理的教学方法和技术

英语教学经过时间的沉淀才形成了大量的教学方法，随着信息技术的发展，多媒体逐渐走进课堂，为英语教学带来了更多的教学方式。在英语课堂中，教师必须根据学生的学习能力和知识内化速度改变自己的教学方式，力求让每一名学生都能找到适合自己的课堂教学方式，这就要求教师借助一定的教学方法和技术进行教学，促进学生整体素质的发展和教学活动相一致。

（三）英语教学的本质

英语教学研究以学生的学习实践活动为主要方向，努力将更多的教学理论知识运用于教学实践，指导学生用科学的方法进行英语学习。当然，英语教学不只是一门简单的语言教学，更是一种文化教学。

1. 英语教学是一种语言教学

语言的学习并不是一蹴而就的，是学习者对语言具有的某些特征，持续不断地关注，以此为基础形成新的假设，并针对原有的假设进行一种检验与修正，在这一过程中，达成学会语言的目的。对原有假设进行修正的过程，人的意识必然参与其中，也势必会对语言的个别形式加以关注。英语是一种重要的国际交际语言，英语教学作为语言教学，其本质应该是培养学生综合运用英语的能力。

英语教学学科的性质对英语学科与相关学科之间的联系起到了决定作用，所以，在英语教育教学中也会应用相关学科的理论，从而更好地应用于教学。英语教学的内容是语言，因此，如何认识语言的本质和语言活动及其相关学科就显得十分必要。人们在研究语言的过程中，不断对语言的属性有所认识，并能详细描述、分析和解释语言结构，全方位地研究语言功能。

2. 英语教学是一种文化教学

一个国家的语言，可以反映出一个国家的文化，语言和文化两者之间是密不可分的。在英语教学过程中，学习者不仅要学习语言知识，还要学习语言文化，要了解英语国家的文化，才能提高英语思维能力，方便日后的语言使用，所以英语教学也是一种文化教学。

二、高校英语教学的原则

作为通用型语言，英语的作用不言而喻。但是在具体的高校英语教学中，存在着种种弊端，这就要求高校英语教学应该坚持一定的原则。高校英语教学的原则是从高校英语教学的任务与目的出发，基于教学理论的指导，经过长期实践总结出来的教学经验。这些教学原则是教师对教材进行处理、选用科学的教学方法、提升自身教学质量的指南针。

（一）思想性原则

英语教学要从学生的实际出发，根据学生身心发展的特点和学生的认知规律，紧贴学生生活选取教学材料、设计教学活动。教学材料和教学活动不仅要有利于学生学习语言知识、形成语言技能，还要有利于学生健康性格和健全心理的形成与发展。思想性原则还要求教师要把文化意识渗透在开展爱国主义教育和增强世界意识之中，让学生了解不同文化的独特魅力，同时也要提高学生的文化欣赏能力，增强对我国文化的认同感，提升民族自尊心与自信心，帮助学生养成正确的人生观和价值观。

（二）可行性原则

高校英语教学设计是服务于课堂教学的，因此要想使教学设计能真正改变课堂氛围达到所预期的课堂学习效果，教师就必须保证其可行性，严格遵循以下两个条件：

（1）符合主客观条件。主观条件是指学生的特点。每个学生都有其性格特点和不同的生活经历，教师在进行教学设计时必须考虑学生的普遍特征和个性特征，保证课堂教学能够满足大部分人的学习需求，同时兼顾部分特别学生的学习需求。在综合分析的基础上进行教学设计，才能增加设计的针对性，而更具有客观实效性。如果教学设计背离了学生的特点，超出了学生的认知能力范围并脱离生活实际，是不可行的。客观条件是指教师进行教学设计需要考虑的教学设备、地区差异等因素。教师首先要了解学校所处的地域环境和教学条件、学生的学习能力等客观因素，了解学校能够提供什么样的教学设施。教学的环境和条件、学生的学习能力是教师进行教学设计的重要参考。如果教师不考虑教学的客观条件，只凭自己的主观设计，不考虑学生的地域差异，把目标拔得太高，教学设计也是无法落实的。

（2）具有可操作性。可操作性是教学设计应用价值的基本体现。教学设计的出发点是为指导教学实践准备，应能指导具体的教学实践，而不是理想化地设计作品。教师的教学设计要在教学实践中检验，去验证设计的理念是否正确，方法是否恰当，学习效果是否满意，这样才能体现教学设计指导教学的作用。

（三）趣味性原则

英语教学的首要目标是培养学生听、说、读、写等综合运用能力和培养学生的学习兴趣，而兴趣是学习的基础。因此，英语教学设计在客观可行的基础上也要兼顾趣味性。教师在英语教学中应当从生活中寻找教学素材，抓住学生的兴趣和爱好，为学生提供富有趣味性和探索性的教学活动。同时教师在实际教学过程中也要打破以往主导课堂的教学模式，将自己与学生放到对等的层面上进行交流，让学生在轻松的环境中敞开心扉、自由交流。这样学生才能积极主动地进行学习。例如，根据不同学段学生的年龄特征，设计不同的任务型教学，创设不同的情境，采用不同形式的教学媒体，使课堂教学生动活泼。

（四）互动性原则

根据生态的基本观点，任何事物都处于一定的关系中，学校是教育生态系统的子系统，在学校这个子系统中，教师与学生作为其中的两个因子相互作用与交往。教师与学生之间是一种以学生最终的发展为目的而联系在一起的共生关系。教学过程中信息的传递是相互的、双向的。只有教师与学生之间的互动保持相对平衡、有序，他们才能有效发挥各自的作用，进而实现和谐统一的发展。如果教师和学生之间的互动被打破，那么教育要素之间的平衡也会被打破，这不仅会损害师生自身的发展，也会损害整个学校甚至整个教育的发展。师生之间的交流与沟通是一种连续不断的过程，在不断的动态变化发展中寻找平衡点。教师不断提高自身的教学水平与理论水平，从而应用到实践教学中，促进学生的可持续发展。学生获得的成绩也体现了教师的价值，并且是对教师的一个鼓励。因此，在高校英语教学中，师生之间是一种相互依存、共同发展的关系。

（五）系统性原则

英语教学设计具有系统性的特征，因此教师在进行教学设计时就不能只着眼于某一个点或某一个模块，而是应该考虑英语教学的目的、程序、分节等方面，让英语教学计划的每一个部分都既有独立性又能互相支撑、互相援引，形成有机整体。一个规范的教学一般从教材分析、学情分析开始，根据分析结果，确定教学目标。

从形式上看，教材分析、学情分析和教学目标既是相对独立的，又是相互依存的。学情制约着教学目标，教学目标的制订建立在学情分析的基础上，彼此之间存在着内在的逻辑关系，它们之间的逻辑性是保证前后各要素相互衔接的前提。在这种逻辑的基础上，一旦教学目标明确了，教学重点、教学难点就能够确定了。

重点、难点是教师选择教学方法的重要指标和依据，在一定程度上决定了教师选择什么样的方法突出重点、突破难点，以实现教学目标。所以，教学设计的程序是无法随意改变的，教学设计中教师应遵循其程序的规定性和联系性，确保教学设计的系统性和科学性。

（六）环境性原则

课堂教学环境对于教学活动的顺利展开有着很大的影响。

大学生的注意力集中水平有限，高校英语教师更应该注意课堂教学环境的建设。一般来说，课堂教学环境分为人文环境、语言环境、自然环境。

1. 人文环境

人文环境主要通过师生之间的情感交流与互动氛围体现出来，是一种隐形的环境。大学生缺乏人际交往经验，所以大学英语教师在营造人文环境方面起着主导作用。教师要通过倡导师生之间的平等交流以及歌曲、游戏、表演等方式，来营造一种自由、开放的人文环境，打开学生的心扉，促进学生的英语学习。

2. 语言环境

根据认知发展心理学，大学生需要借助具体事物来辅助思维，不容易在纯粹语言叙述的情况下进行推理，提供具体的情境更能让他们发现事物之间的联系与不同事物的性质并由此来总结出事物之间的一般规律，他们可以在具体事物的帮助下顺利解决某些问题。语言与认知的发展是相互促进的。个体语言能力是在个体与环境相互作用的过程中逐渐发展起来的。语言环境对于英语学习非常重要，大学阶段的英语教学应该创设具体、直观的语言情境。为此，教师要充分利用和开发电视、录像、录音、幻灯等教学手段，设计真实的语言交流，使学生在运用语言的过程中学习和掌握语言。

3. 自然环境

课堂教学的自然环境主要指课堂中教学物品、工具的呈现方式。其一，要求教师与学生之间进行更加亲近的交流，教师应该设置开放的桌椅摆放方式，应该摒弃那种教师高高在上、学生默默倾听的桌椅摆放方式；其二，要求教室的布置应该取材真实的生活场景，这不仅拉近了学生对课堂教学的距离，也使学生更容易理解英语，也有助于创造英语语言交流的环境。

（七）融合性原则

在英语教学中，文化主要包含母语文化和英语文化。所谓融合性原则，即教师在英语教学中要重视文化的导入与渗透。学生对文化的了解，可以促进他们对语言知识的掌握。同时，学生掌握语言知识又可以促进他们对中西方文化的了解。因此，在英语教学中必须对学生进行文化导入。具体来说，文化导入主要有如下两种方法：

1. 比较

有比较就有结果。只有在比较中，事物的特性才会表现得更加明显。经过了不同的历史轨迹，中西方国家在长时间的历史积淀中形成了不同的文化。因此，在文化教育中，教师可以通过母语文化和英语文化的比较，让学生更加深刻地认识母语文化和英语文化。在跨文化交际中，学生也因此提高自身的文化敏感性，会更加重视文化对于交际的影响，从而减少甚至避免文化差异引起的交际冲突。

2. 外教

外教不仅可以提升学生的英语学习兴趣，还能够促进学生跨文化交际能力的提高。外教作为异域文化的成员，比较能够引起一些学生的好奇心，这些学生在与外教接触和交流的过程中增强了对英语口语表达的信心，还能收获课堂上学不到的社会文化背景知识，能真正提高英语文化敏感度和英语交际能力。另外，学校可以定期让外教组织英语角，这样就为学生创造了纯正地道的英语环境，有助于学生英语听力与口语能力的提高。

（八）开放性原则

高校英语教学的一个重要特征就在于开放性，其体现在如下两个层面：

（1）教学资源的开放性。高校英语教学资源不仅来自教材，还源于大学生的课外生活。当然，教学资源都是经过筛选的，选择的依据就是师生之间的知识交流、情感传递。换句话说，教学主体在日常生活中进行生活体验，并不断总结经验教训，然后积极构建出相关的知识，真正实现课堂教学的知识在生活中的运用。

（2）教学主体的开放性。在高校英语教学中，教师与学生不断地重复信息传递与信息接收的过程，进行着持续地互动交流，教师与学生有着巨大的差异性，主要体现在生活阅历、知识水平、情感态度等层面。教师会无意识地将自己的知识水平、生活阅历、情感态度等带入实际教学活动中，同时学生根据自身发展特点有选择性地吸收。

（九）形成性评价原则

形成性评价是针对学生学习过程和学习结果的评价，不仅需要教师对学生的评价，也重视学生的自评与互评。形成性评价更能帮助学生改进学习方式，达到学习目标。在做出形成性评价的过程中，教师首先要收集学生在学习过程中与教学目标有关的学习信息和反馈信息，然后根据这些信息掌握学生的学习进度、分析学生遇到的学习困难，并及时提出解决方案，推动学生完成学习目标。形成性评价制作的过程也是教师调整后续目标、改进教学方法的重要实践依据。

形成性评价应以激励为主。教师应当发掘学生学习过程中值得肯定和表扬的地方，如学习方式、学习态度和学习成果等，并给出肯定。学生如果在学习中得不到肯定，其学习兴趣和学习动力将会大受打击。不过评价也不能一味表扬，对学生在学习过程中的不足之处，教师也应用适当的方式提出来，并指导学生总结经验，寻找更加合适的学习方式，纠正学习错误。优秀学习成果展示是有效的教学手段，不仅能让参与展示的学生获得成就感，也能让欣赏的同学找到新的学习方向，调整学习过程。

第二节　高校英语教学的影响因素

高校英语教学中的因素有很多，在这里主要指影响高校英语教学的因素，在此不可能对所有因素都一一详述，但我们会围绕高校英语教学所涉及的一些主要因素，如教师、学生、教学内容、教学方法、教学环境等进行分析。

一、教师因素

教师是高校英语教学的重要因素，在英语教学中起着主导作用。在英语课堂上，教师主要充当两种角色，即掌控者和引导者。作为一名合格的英语教师，首先应该具有纯正的发音。然而，并非所有的英语教师都具有纯正的发音，所以教师可借助广播、多媒体等手段来弥补自己的不足，确保学生在课堂上所听的内容都是纯正的。同时，教师在讲解单词、句子、课文时，应该穿插一些解释，对难懂的词语要给予重复讲解。

在多数英语课堂上，教师的讲话占据课堂大部分的时间，不可否认，教师的讲话有利于学生的语言习得，但也不能因此牺牲掉学生的练习时间。同时，教师还要注意不断变化教学的形式，以增强课堂的趣味性。一位合格的英语教师还应具有一定的应变能力，能预测课堂活动中出现的状况，能很好地处理课堂上的突发事件，确保课堂活动的有序开展。

此外，教师应该随时调整自己的提问方式、语言运用、提供反馈的方式。在英语课堂中，提问是教师常用的一种教学手段。通过提问，可以有效激发学生的学习兴趣，促使学生积极思考，帮助教师对某些知识结构进行诱导。另外，语言运用的方式也很重要，为了让学生对所讲述知识有一个充分的了解，教师在教学中可以采用重复话语、降低语速、增加停顿、改变发音、调整措辞、简化语法规则、调整语篇等措施。

学生是英语教学的重要反馈者，同样，教师的反馈也是十分重要的。所谓提供反馈，就是指教师为学生的学习情况提供反馈。教师的反馈可以是对学生话语的回答，如表示学生问答正确或错误、赞扬鼓励、扩展学生的答案、重复学生所答、总结学生回答、批评等。总之，教师的目的就是采用不同形式的教学方法，调动学生的积极性，扩展学生的知识面，培养学生的学习能力，提高整体教学的效果。

二、学生因素

（一）角色定位

在英语教学中，学生主要扮演以下几个角色：

（1）主人。学生是英语教学中的主人。学生对知识的探索、发现、吸收以及内化等实践活动都有利于知识体系的构建。

（2）参与者。作为英语教学活动的重要参与者，学生应积极主动地参与各项活动中，积极思考，勇于表达自己的观点，展示个人的才能。

（3）合作者。英语教学是师生之间和学生之间共同进行的，因而团队合作是不可缺少的。在合作中，他们可以相互学习、相互帮助、共同提高。

（4）反馈者。在英语教学中，学生的反馈信息是教师教学的一个重要依据，学生可以结合自身学习经历，就教学法的实用性向教师提出建议或意见，并协助教师改进和完善教学内容和教学方法，从而提高教学效果。

（二）个体差异

学生之间的差异主要体现在以下三个方面：

1.语言潜能

语言潜能最简单的定义就是：语言潜能是一种固定的天资。某些人较其他人有更高的水平。有这种能力的人，在语言学习方面可能会取得更快的进步。卡洛尔（Carroll）认为，语言潜能包括以下几个方面：

（1）语音编码、解码的能力，即关于输入处理的能力。

（2）归纳性语言学习的能力，有关语言材料的组织和操作的能力。

（3）语言敏感性是通过听、读等方式从语言材料中总结语言规则的能力。语言敏感性是语感的体现。

（4）联想记忆能力是通过已掌握知识对陌生材料进行分析，吸收新知识并转化为自己所用的能力。

学生的语言潜能各有不同。因此教师在教学过程中必须通过教学活动了解每个学生的能力，根据学生的水平制订合适的教学计划，让每一次教学活动都能达到理想的教学效果，提高学生的学习效率。

2.认知风格

认知风格是人的特质，每个人认知事物的方式和过程都有所不同，并有一套自己的行为习惯，也可以称作人的认知方式。具体而言，认知风格包括人的记忆、思维方式、个体知觉等方面的差异，也包括人对事物的态度、行为动机等心理特征，这些特征共同作用形成了人独特的人格和认知能力。认知风格虽然没有优劣之分，但其差异能造成人在学习方面的不同，这种不同也许在学习成绩上无法体现，但是能影响学生的阶段性表现。学生在处理信息时有其独特的思路与方式，这也就使学生面对不同学科或不同类别的学习材料时，其处理速度和处理结果有所差异。由此可见，如果学生的认知风格能与教师的教学风格和教学内容相吻合，那么学生就能提高自己的学习效率。因此教师在进行教学设计时应当考虑学生的认知风格，以其多样性来适应学生的不同风格，为学生提供个性化的学习资料和学习任务，引导学生在学习过程中充分发挥自己的认知优势，进而提高学习效率。

3. 情感因素

情感因素差异主要涉及以下三个方面：

（1）学习动机。学习动机是指引导并支撑学生进行学习活动，达成学习目标的内在因素。学习动机能够让学生在英语学习过程中主动、积极地进行学习，是影响学生学习效率和学习效果的重要因素。学习动机来源于学生的心理状态，也来源于具体某次学习活动，支撑学生不断学习并完成整个学习活动，也会影响学生在某个学习阶段的学习成果。

（2）性格。性格是指人在面对社会外界环境和行为处世过程中所表现出的心理特征，性格既是稳定的，又可以在面临特殊情境时发生变化。性格是学生的情感特征之一，对学生的英语学习也有很大影响。性格可分为内向和外向两种。埃利斯（Ellis）认为：外向性格的学生更擅长语言交流或交际方面的学习，他们对错误有较高的接受能力，且从内心深处愿意参与交流性学习过程，主动寻找学习机会；内向性格的学生则更喜欢阅读、写作等学习活动，喜欢进行钻研，更能静下心沉浸到学习中去。教师应当帮助面对不同性格的学生发挥自己的性格优势，在学习过程中找到舒适的学习方式和适合的学习方向，进而提高教学效果。

（3）态度。态度表现了人对某事或某物的情感和心理倾向，也是人愿意为某个目标努力的行为倾向，态度是影响学习效率和学习成果的重要因素。学习态度一般包括情感成分、认知成分和意动成分。情感成分就是对某一个目标的好恶程度，认知成分是对某一个目标的信念，意动成分就是某一个目标的行动意向以及实际行动。通常来讲，要想获得好的学习效果就应该对异质文化具有好感，向往其生活方式，渴望了解其历史、文化和社会习俗等。此外，学生对教学形式、教学资料的喜恶以及对任课教师的认可程度也都将影响其对外语学习的兴趣，并最终影响学习效果。

综上所述，学生的具体情感因素对学习的影响是非常大的，教师在进行教学计划安排时必须考虑学生的情感特征，找到适合学生的教学方式，否则就无法保证教学质量。

三、教学内容因素

教学内容是指在教学活动中为实现教学目标，师生共同探讨的知识、技能、技巧、思想、观点、概念、原理、事实、问题、行为习惯等的总和。教学内容是一种特殊的知识系统，既有别于语言知识本身，又不同于日常经历；既要考虑英语学科本身的知识体系，又要考虑学生的年龄特点和实际需求等。通常来讲，教学内容主要有以下五个方面：

（一）语言知识

英语语言知识是综合英语运用能力的有机组成部分。语言知识是语言学习和语言运用的重要内容之一。英语语言能力的形成是以语言知识为基础的。

（二）语言技能

英语语言技能主要包括听、说、读、写四个方面，它们是形成综合语言运用能力的基础和必要手段。"听"的技能就是分辨和理解话语的能力；"说"的技能就是运用口语表达思想、输出信息的能力；"读"的技能是指辨认和理解书面语言的能力；"写"的技能主要指运用书面语表达思想、输出信息的能力。

在大量听、说、读、写等专项及综合性训练中，学生将会拥有综合运用这四种技能的能力，为真实的语言交际奠定基础。

（三）情感态度

情感态度是人的情感倾向，具体到学习上包含学生对学习是否感兴趣，是否有足够的学习动机、是否有自信、有意志完成学习任务，是否能与他人合作完成学习任务等。积极的情感态度有利于发挥学生潜在的各种技能；相反，消极的情感态度会阻碍语言学习能力的养成。所以教师在具体教学过程中要调动学生的积极情感态度，帮助学生培养学习兴趣、培养学习自信心，将情感倾向转化为强有力的学习动机，取得良好的学习效果。

（四）文化意识

文化意识是指所学语言国家的地理、历史、风土人情、传统习俗、生活方式、文学艺术、行为规范、价值观念等。

文化意识能够帮助学生提高文化认同感，培养语言学习兴趣，奠定语言学习的文化基础。因此，教师不能忽视文化意识对英语学习的助力作用，要通过文化意识的渗透结合学生的学习特点和认知水平，加深学生对英语文化的理解，培养世界文化意识，提高学生的英语学习动力。

对于英语学习者来讲，接触和了解英语国家的文化可以加深其对英语语言的理解和使用，提高其人文素养，培养其世界意识。

（五）学习策略

学习策略是指学生为有效地学习和发展而采取的各种行动和方法。英语学习策略主要包括认知策略、调控策略、交际策略和资源策略等。培养学生的学习策略可以促使他们有效学习，并能为终身学习奠定基础。好的学习策略，可以改进学习方式、提升学习效果，还能使学生学会如何学习，从而形成自主学习的能力。因此，教师要帮助学生形成自己的学习策略，对自己的学习过程和效果进行监控和反思，培养学生根据自己的学习风格调整学习策略的能力，引导学生善于观察他人的学习策略，乐于尝试不同的学习策略。

四、教学方法因素

教学方法是教师和学生为了实现共同的教学目标，完成共同的教学任务，在教学过程中运用的方式或手段的总称。从古至今，英语教学中出现过不少教学方法，并且都在英语教学中发挥过作用。然而，事实证明，教学方法没有最好的，只有最有效的。具体来讲，英语教学中采用固定的、一成不变的方法，将会引起学生的反感，也就会降低英语教学的效率。即在一堂课只使用一种教学方法，学生会感到单调、乏味。因此，英语教学所采用的方法应具有灵活、多样等特点，要对各种语言技能有所侧重，这样才能全面提高英语学习的能力。

五、教学环境因素

（一）教学环境的要素分析

教学环境包含多种要素，是非常复杂的系统性环境。广泛而言，教学环境是学校教学活动的全部影响因素，包含学校教学软硬件设施等物理环境和学风等心理因素；具体而言，环境还包括班级规模、师生关系、教学氛围等细节。教学环境是影响教学活动开展和教学效果的重要因素，教学因素可以概括为以下三个方面：

1. 社会环境

社会环境是影响和制约英语教学的重要因素，主要涉及社会制度、国家的教育方针、科学技术水平、经济发展状况、人文精神、英语教育政策、社会群体对英语学习的态度以及社会对英语的需求程度等。英语教学发展的主要动力就是社会环境，它对英语教学有着极强的导向作用。

2. 学校环境

可以为学生提供学习场所和学习手段的最佳环境就是学校。学校环境对英语教学的影响是最重要和最直接的，决定了多数学生英语学习的效果。学校环境主要涉及课堂教学、接触英语时间的频率、班级的大小、教学设施、教学资料、英语课外活动、英语教师和其他教职工对英语的态度及其英语水平、校风班风和师生人际关系等。

3. 个人环境

个人环境也会对学生的英语学习产生一定的影响。个人环境一般包括学生的家庭成员、同学、朋友的社会地位，物质生活条件，文化水平，职业特点和对英语学习的态度、经验、水平及学习方式，成员之间的关系及感情，学生的经济状况，拥有的英语学习设备和用具等。

（二）教学环境的影响分析

教学环境对英语教学有以下几个方面的影响：

（1）教学环境能够使教师在教学中更加努力地营造良好的课堂环境，充分利用现代化教学设备，优化教学环境，提高学生对英语语言的运用能力。

（2）教学环境可以帮助教师正确认识到环境对学生英语学习的影响，结合我国英语教学的现状，理性地分析、判断和选择其他国家英语教学的理论和方法。

（3）教学环境可以帮助教师有效地加工语言输入材料，科学地设计语言练习，创造良好的课堂英语使用环境。

（4）教学环境有利于教师在不断学习和实践优化课堂教学环境的策略，以及在创设良好的英语教学环境的过程中，提高其自身的教学素质。

第三节　高校英语教学的理论基础

不同的英语教学方法源于对语言教学的不同看法和对语言学习的不同理解。因此，为了更好地认识和理解英语教学，我们还要了解和学习一些英语教学的理论基础。

一、语言功能理论

英国功能语言学派的思想始于弗斯（J.R.Firth），后来在卡特福德（Catford）、韩礼德（Halliday）等的研究中得到进一步发展。这里就重点介绍韩礼德的语言功能理论。韩礼德认为：语言是在完成其功能中不断演变的，语言的社会功能会影响到语言本身的特性。具体来说，语言功能可以分为以下三种：

（一）微观功能

韩礼德认为微观功能是儿童在学习母语的初级阶段出现的，包括以下七种功能：

（1）个人功能。个人功能指儿童可以运用语言来表达自己的感情、身份或观点看法。

例如：I like the toy car.（我喜欢玩具车。）

（2）规章功能。规章功能指儿童可以通过语言来控制他人的行为。

例如：Finish the task as I have told you.（按照我告诉你的完成任务。）

（3）想象功能。想象功能指儿童可以运用语言来创造一个幻想的环境或世界。

例如：Suppose I am the king and you are the queen.（假如我是国王而你是王后。）

（4）启发功能。启发功能指儿童可以通过语言来认识和探索周围的世界，学习和发现问题。

例如：Tell me why.（告诉我为什么。）

（5）工具功能。工具功能指儿童可以通过语言来获取物质，满足其对物质的需求。

例如：I want.（我想要。）

（6）相互关系功能。相互关系功能指儿童可以通过语言与他人进行交往。

例如：Me and you.（我和你。）

（7）信息功能。信息功能指18个月大的儿童可以通过语言向别人传递信息。信息功能是在儿童成长后期掌握的。

需要指出的是，在儿童语言中，一句话只有一种功能而不会出现多种功能。随着儿童语言逐渐向成人语言靠拢，功能范围逐渐缩减，这些微观功能就让位于宏观功能。

（二）宏观功能

相对于微观功能，宏观功能更为复杂、丰富和抽象。宏观功能是儿童由原型语言向成人语言过渡阶段出现的语言功能。宏观功能包括以下两类：

（1）实用功能。实用功能源于儿童早期微观功能中的工具功能、相互关系功能和控制功能。实用功能是指儿童将语言视为做事的工具或手段。

（2）理性功能。理性功能是由儿童早期微观功能中的个人功能、启发功能等演变而来。它是指儿童将语言视为学习知识和观察事物的途径和方法。

宏观功能是早期儿童语言功能的过渡期，和微观功能、纯理功能存在功能上的延续性，这反映了人类语言为数不多的几种功能却可被运用于多种社会场合，同时也反映了人类在运用语言的过程中创造语言的必要性。

（三）纯理功能

韩礼德的纯理功能在功能语言学派中影响巨大。纯理功能包括以下三种：

（1）人际功能。人际功能是指语言具有表明、建立和维持社会中人的关系的作用。通过此功能，讲话者能通过某一情境来表达自己的推断、态度，并对别人的态度、行为造成影响。

（2）篇章功能。篇章功能是指语言具有创造连贯的话语或文章的功能，这些话语和文章对语境来说是切题和恰当的。韩礼德认为，语篇是具有功能的语言。

（3）概念功能。概念功能是指人们通过语言将自己的内心世界和现实世界的经历进行表述的功能。语言的概念功能是指人们以概念的形式对其经验加以解码，并对主客观世界发生的人、事、物等因素进行表达和阐述。

韩礼德认为：几乎每个句子都能体现语言的人际功能、篇章功能和概念功能，且这三种功能经常同时存在。

在如何看待语言本质的问题上，韩礼德对语言功能的论述为研究者们提供了一个全新的视角，推进了语言学界对语言的理解。后来的交际法教学流派（又称"功能—意念教学流派"）就是以韩礼德的语言功能理论为基础建立起来的。

二、二语习得理论

20 世纪 70 年代，克拉申（S.Krashen）针对第二外语的习得提出并发展了二语习得理论。该理论是最具争议的二语学习理论之一，共包括下面五个部分：

（一）习得—学习假设

克拉申认为"习得"和"学习"不同，它们是培养外语能力的两种途径。

"习得"是学习者在无意识的状态下形成并掌握语言能力的过程，是一种类似于小孩子学习母语的过程，而"学习"是学习者通过课堂学习等方式有意识地掌握语言语法规则的过程。"习得"与"学习"的区别具体如表 1-3-1 所示。

表 1-3-1　习得与学习的区别

习得	学习
不知不觉的过程	意识到的过程
内化隐含的语言规则	获得明示的语言知识
正式学习无助于习得	正式学习有助于语言知识获得

克拉申认为：语言学习只能监控和修正语言，却不能发展交际能力，外语应该通过习得来获取。另外，习得能够发展交际能力。

（二）自然顺序假设

克拉申认为：一种语言的语法规则或结构是按一定的、可以预知的顺序习得的，这种情况也适用于第二语言（外语）的学习。

（三）输入假设

在克拉申看来，理想的输入应具备以下四个特点：

（1）应具有足够的输入（i+1）。i+1 是克拉申提出的著名公式。其中，i 代表习得者现有的水平，+1 表示语言材料应略高于习得者目前的语言水平。这意味着，只要习得者能理解输入的材料，且达到了一定的量，就意味着已经自动有了这种输入。

（2）应具有可理解性。输入的语言必须可以理解，不可理解的输入对学习者不仅无用，而且还会损害学生学习的积极性。可理解性的语言输入是语言习得的必要条件。

（3）应既有趣，又有关联。趣味性和关联性可以增强语言习得的效果。

（4）应按照非语法程序安排。在语言习得的过程中不必按语法程序安排教学活动，重要的是要有足够的可理解的输入。

按照克拉申的外语教学理论，外语教学时应尽量向学生提供可理解的语言输入，教师应使用一切手段来增加语言输入的可理解性。

（四）监察假设

克拉申认为，有意识的学得（知识或规则）只能起到监察的作用。这种监察作用可以发生在写或说之前或之后，如图 1-3-1 所示。

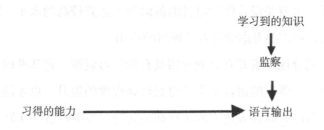

图 1-3-1　学得的监察作用

需要指出的是，学得的监察作用必须具备以下三种条件才能发挥作用：有足够的时间、知道规则、注意语言形式。此外，这种监察作用在不同的语言交际活动（如口头表达与书面表达）中会导致不同的交际效果。

（五）情感过滤假设

"情感"指学习者的动机、需求、信心、忧虑程度以及情感状态。这些情感因素会对语言的输入起到促进或阻碍的作用，因而又被视为可调节的过滤器。情感因素的作用如图 1-3-2 所示。

图 1-3-2　情感因素对语言学习的作用

根据情感过滤假设，外语学习者的积极情感态度有助于更多地输入目的语，而消极情感态度则会过滤掉很多的目的语。因此，教师还应避免给学生施加压力，要努力创造一个轻松愉快、自由自在的学习气氛。

三、输出假设

斯温（Merrill Swain）基于加拿大法语沉浸式教学结果的研究提出了输出假设。斯温认为，语言输入是实现语言习得的必要条件，但是除了这一必要条件还需要其他的条件，也就是说若使学习者的英语学习达到较高的水平，除了对其进行可理解的输入，还需要考虑学习者可理解的输出。

学习者需要充分地理解并有效地运用既有的学习资源，将其准确、合理地输出。在这一过程中，学生的语言水平才得到较高程度的提升，也才能在不断输出的过程中意识到自己在语言表达方面所存在的问题。在英语教学实践中，教师应该尽可能给学生提供充足的语言表达与运用的机会，不断地培养和提高学生语言表达的准确性和流利性。斯温认为语言输出的作用主要体现在以下三个方面：

（1）检验自己所提出的假设是否正确，是否具有一定的可行性。

（2）使学习者侧重把握语言形式。

（3）让学习者能够有意识地进行自我反思。

斯温的输出假设对英语教学有一定启示。当英语教师意识到语言输出活动对语言学习的重要性之后，就会据此设计一些交际性的口头或笔头的语言实践活动来进行教学，如让学生复述、小组讨论、组织辩论等。在编写教材的过程中也会侧重添加一些实际性的语言输出活动，如角色扮演、针对某一话题发表不同意见和见解等。

四、言语行为理论

言语行为理论作为语言语用研究中的一个重要理论，最初是由英国哲学家约翰·奥斯汀（Austin）在 20 世纪 50 年代提出的。之后，美国的哲学语言学家塞尔（Searle）对言语行为进行了深入的探讨。因此，这里主要介绍二人的观点。

（一）奥斯汀的言语行为理论

奥斯汀将话语分为表述句和施为句两大类别。此外，他还在此基础上提出了言语行为三分说。

（1）表述句与施为句。表述句是用来描写、报道或陈述某一客观存在的事态或事实的句子。表述句可以验证，并且具有真假值。

例如：Jim is lying in bed.（吉姆躺在床上。）

如果 Jim 确实在床上躺着，这句话就为真；反之则为假。

施为句是用来创造一个新的事态以改变世界状况的句子。施为句不可以验证，也不具有真假值。

例如：I call the toy horse Spirit.（我称玩具马为精灵。）

这个句子既无法验证，也无法判断真假。这个句子的意义是给玩具马命名，即给客观环境带来了改变。

可见，表述句和施为句的最大区别在于表述句以言指事、以言叙事，而施为句以言行事，以言施事。

（2）言语行为三分说。奥斯汀发现了表述句和施为句两分法的不足之处并修正了自己的观点，提出了更为成熟的言语行为三分说。他将言语行为分为以下三个层次：

第一，以言指事行为是指移动发音器官，发出话语，并按规则将它们排列成词、句子。它是通常意义上的行为。

第二，以言行事行为是通过说话来实施一种行为或做事。它是表明说话人意图的行为，可将以言行事行为简称为"语力"。奥斯汀将以言行事行为分为评价行为类、施权行为类、承诺行为类、论理行为类、表态行为类五个类别。

第三，以言成事行为就是以言取效行为，是指说话带来的后果。需要说明的是，以言成事行为或以言取效行为只是用来指一句话导致的结果，不论结果如何都跟说话人的意图无关。

（二）塞尔的言语行为理论

塞尔的主要贡献是改进了奥斯汀对以言行事行为的分类，并提出了间接言语行为理论。

（1）塞尔对以言行事行为的重新分类。塞尔将以言行事行为分为以下五类：

承诺类。表示说话人对未来的行为做出不同程度的承诺。此类行为的动词包括 threaten、pledge、vow、offer、undertake、guarantee、refuse、promise、commit 等。

表达类。表达说话人的某种心理状态。此类行为的动词包括 congratulate、apologize、deplore、regret、welcome、condole、boast 等。

断言类。表示说话人对某事做出真假判断或一定程度的表态。此类行为的动词包括 deny、state、assert、affirm、remind、inform、notify、claim 等。

宣告类。表示说话人所表达的命题内容与客观现实之间的一致。此类行为的动词包括 nominate、name、announce、declare、Appoint、bless、christen、resign 等。

指令类。表示说话人不同程度地指使或命令听话人去做某事。此类行为的动词包括 request、demand、invite、order、urge、advise、propose、suggest 等。

塞尔的重新分类具有很强的科学性，直到今天仍在使用。

（2）间接言语行为理论。间接言语行为就是通过实施另一行为而间接得以实施的言语行为。例如：Can you pass the bottle for me？（你能把瓶子递给我吗？）

这种言语行为虽然表面上在进行"询问"，但实际上表达的是一种"请求"行为，即"请求"是通过"询问"间接实施的。

塞尔进一步将间接言语行为分成规约性间接言语行为和非规约性间接言语行为两个类别。规约性间接言语行为通常出于对听话人的礼貌，且根据话语的句法形式可立即推断出其语用意。而非规约性间接言语行为往往比较复杂，需要更多地依靠交际双方共知的语言信息和所处的语境来进行推断。

五、行为主义心理学

行为主义学习理论最初来源于俄国生理学家巴甫洛夫（Ivan Pavlov）的"条件反射"概念。20 世纪初，美国心理学家华生（John B.Watson）创立了行为主义学习理论。美国学者斯金纳（B.F.Skinner）对华生的行为主义学习理论进行了继承和发展。这里主要介绍此二人的观点理论。

（一）华生经典行为主义理论

华生把有机体应付环境的一切活动称为"行为"，行为的基本成分是反应，反应分为习得的反应和非习得的反应。前者包括我们的一切复杂习惯和我们的一切条件反射，后者则指我们在条件反射和习惯方式形成之前的婴儿期所做的一切反应。他将引发有机体反应的外部和内部的变化称为"刺激",而刺激必然属于物理或化学的变化。任何复杂的环境变化,最终总是通过物理变化或化学变化转化为刺激作用于人的身上。换句话说,刺激和反应都属于物理变化或化学变化,由此便形成刺激—反应(S—R)公式,通过刺激可以预测反应,通过反应可以推测刺激。

华生认为,人类出生时只有几个基础的反射,所有其他行为都是通过条件反射建立新的刺激—反应连接而形成的。而学习就是刺激转换和刺激替代而形成的条件反射过程。

华生认为,心理学应当摒弃主观因素,将全部研究放在能够观察和测量到的客观结果上,对于结果形成的过程中的各个环节也无须在意。也就是说将结果之前的所有行为和心理因素全部封为"黑箱",只研究"黑箱"所输出的结果。他认为,人的活动和行为习惯都是后天养成的,其变化、增加或者消失都是由后天的外部因素所造成的。因此只要查明环境因素与具体行为养成之间的关系,就能得到行为养成的规律,就能找到环境刺激与反应之间的互推技巧,从而预测人的行为或者通过改变环境来改变人的行为。他还认为人和动物在行为习惯养成方面并无太大差异,其行为都是为了适应外部生存环境而产生的。

(二)斯金纳的行为主义理论

斯金纳在1957年发表了《言语行为》(Verbal Behavior)一书,从行为主义角度对言语行为系统进行了分析。斯金纳认为,人们的言语以及言语中的各个部分都是在受到内部或外部刺激的情况下产生的。具体来说,斯金纳提出了"操作性条件反射"(Operant conditioning)的观点,这一观点强调语言学习的过程是一个不间断的操作(Operant)过程,即发出动作然后得到一个结果或一个目的,这一动作就被称为"操作"。如果这一动作的结果是满意的,操作者就会重复"操作",这时"操作"便得到"强化",也称为"正向强化"(Positive reinforcement)。儿童的语言学习过程正是这样一个不间断的"操作"过程,使语言行为逐步形成。

斯金纳认为,在某一语言环境中,他人的声音、手势、表情和动作等都可以成为强化的手段。例如，教师可以通过表扬、肯定、满意的表示，使学生的某种言语行为得到强化。只有言语行为不断得到强化，学生才能逐渐养成语言习惯，学会使用与其语言社区相适应的语言形式。如果没有得到强化，语言习惯就不能形成，语言也就不能学习到相应的语言形式。在学习时，只有反应"重复"出现，学习才能发生。因此，"重复"在学习中的作用是不容忽视的。

行为主义的学习模式具体如图 1-3-3 所示。

图 1-3-3　行为主义的学习模式

通过上述介绍可以看出，行为主义学习理论的形成主要基于以下六个观点：

（1）语言是经过外界环境不断影响而逐渐形成的一种表达习惯属于基础的人类行为。

（2）外部影响对人类的语言学习和语言系统建立过程起到主要影响作用。也就是说，语言习惯与人本身的内在行为的关系并不大。

（3）儿童在学习语言的过程中有一定的程序，会受到行为的影响，具体是做出动作—得到回应—强化习惯。儿童学习语言时大都遵循这一规律。

（4）学习是刺激与反应的连接，其基本公式为 S—R。也就是说，有怎样的刺激，就有怎样的反应。

（5）学习过程是一种渐进的尝试—错误的反复循环—最后成功的过程。学习进程的步子要小，认识事物要由部分到整体。

（6）强化在学习中占有关键地位。语言学习需要不断练习、不断强化，并在过程中收获他人的赞美和鼓励。正向强化对于语言学习十分重要，缺少正向强化会打击学生的学习自信心，让学生失去语言学习兴趣。

当然，行为主义学习理论有很多不足之处，如果完全否认人类学习的内在心理机制，忽视了人类的主观能动性，难免会走向机械主义和环境决定论，受到认知主义等学习流派的批评。尽管如此，行为主义心理学的研究对英语教学仍有着重大影响，这些影响明显体现在实际的英语教学实践中。例如，在语言学习的初级阶段，学生的不断观察、模仿和实践就是遵循了行为主义的学习理论。在外语教学的初级阶段，反复操练被看作语言学习的一个重要且有效的手段，并得到了广泛的应用。

六、人本主义心理学

人本主义学习论源自 20 世纪中期，首先出现在美国，在当时被称为"心理学的第三势力"。有趣的是人本主义心理学并不是从对学习和学习过程的研究中被发现的，而是一些志同道合的社会工作者和心理学相关研究者在寻找心理学应用途径的过程中发现的。提出人本主义心理学的主要学者是马斯洛（A.H.Maslow），其代表人物包括罗杰斯（C.R.Rogers）等人。人本主义学习论认为，教育提供给了学习者积极的心理环境，给予学习者以人文关怀，能让学习者在温馨的学习环境中充分挖掘自己的学习潜能。下面对他们的观点进行具体介绍：

（一）学习动机论

人本主义心理学的动机论是以马斯洛的"需求层次论"为基础的。马斯洛从人的自我实现需要出发，将人的需要从低级到高级分为五个等级：生理需求（Physiological Needs）、安全需求（Safety and Security Needs）、社交需求（Love and Belonging Needs）、尊重需求（Esteem Needs）、自我实现需要（Self-Actualization Needs）。自我实现需求作为人类最高层次的需求，源自人类精神世界的需求和对世界的向往，是将自身潜能充分发挥出来并使世界做出改变的强烈希望。自我实现依赖于人本身的天赋、潜能的充分挖掘和应用。这种人总是对世界充满想象和希望，能够为了自己的理想不断努力，从力所能及的事情开始脚踏实地地向自己的目标行进。马斯洛认为，人都有自我实现的潜在需求，而能够自我实现的人则总是将全部精力放在自己所重视的学习和工作中。

罗杰斯对马斯洛需求层次理论中的自我实现做出了细致化研究，在马斯洛需求层次理论的基础上，提出了自我实现的三个阶段：

（1）"映射"阶段。"映射"是指人的发展行为以外界的要求为出发点。例如，部分学生认为学习的目的是达到老师或家长的要求。这样的学生缺乏学习的自主性和自控能力。

（2）混乱阶段。在这一阶段人的自我意识初步觉醒，当学生自我学习的需求与教师所给出的学习任务有较大差异时，学生往往会陷入矛盾之中，在自我和教师的要求之间摇摆不定。

（3）自我实现阶段。当自我意识能占据主导地位的时候，学生就能对自己的个人价值和学习能力有比较客观的认知，能够更加自信，进而独立做出判断和决定，认定自己的目标并选用适合自己的方式努力达到目标。

如果自我实现是学生最深层次的学习动机，那么培养学生的自我实现意识就成了教师帮助学生建立学习自信、提高学习主动性的重要方式。针对学生自我实现动机的建立马斯洛提出了以下三点建议：

（1）避开过去。对于学生而言，固有印象和以往的经历常常会对其学习信心和学习劲头产生影响，如有的学生在学习过程中总会有"自己怎么学都不会有好成绩"的念头，这样的念头使其在学习过程中瞻前顾后，不能全身心投入。学生在学习时应当摒弃过去的成见，立足当前学习情境中，力求做到最好，培养学习信心。

（2）保持积极接受的态度。学生在学习过程中应当重视来自他人的意见和建议，对于他人的批评要虚心接受。只有学生在与人交流的学习环境下全心全意接纳他人的意见，才能取得更好的学习成果。由此可见，交流互助是学生学习的重要手段。

（3）防止两种心理障碍。其一是"低俗化"（Vulgarization），就是自以为通透，总以消极悲观的态度对待学习和生活，不相信社会、不相信别人也不相信自己；其二是"约拿情结"（Jonah Complex），就是指将未来和目标过于神圣化和理想化的态度，畏惧且怯懦，胆小且安于现状。

（二）学习类型论

罗杰斯将学习分为两类，即无意义学习和有意义学习。

1. 无意义学习

罗杰斯认为，无意义的学习只关注学习和学习成果本身，只重视学习这一行为以及表面的学习目标，这种学习方式将学习和人的情感和价值塑造分开来，认为学习与完整的人无关。就像剥离了音节的意义后再去学习音节，学生只通过机械记忆来记住这些音节是非常困难的，因为这种行为枯燥且毫无意义，对人的生活而言没有丝毫积极影响和帮助，且很快就会被大脑遗忘。罗杰斯认为过去学生在课堂上进行的学习有很大一部分都与此类似，那些知识内容对学生个人的发展而言毫无意义。

2. 有意义学习

有意义学习（Significant learning）不仅能让学生增长知识储备，且能将所学知识与人的成长经历结合，使学生增加人生感悟，且使其对人生的态度、个性的成长与成熟、个体行为以及面对重大抉择时理性做出选择的能力等方面都有所成长。例如，一个几岁的孩子如果到了一个陌生的国家生活，他能每天与小伙伴们一起玩耍，那么即使不对其进行针对性语言教学他也能在几个月内熟练掌握当地语言。其重要原因在于语言学习对于他而言是有意义的，语言学习对他的生活有所帮助。但是，如果请一位语言教师，使用他按照自身语言习惯而编纂成的学习资料对孩子进行教导，那么孩子的学习速度反而会变得十分缓慢，甚至出现厌学情绪。罗杰斯认为，有意义的学习能够将学习的过程、学习的方式、学习的目标等与人的情感、既往经验、价值观念等特性紧密结合起来，当我们进行有意义的学习时，我们就能成为完整的人，能够利用自身各方面的特质进行高效率、高质量的学习。

罗杰斯认为，有意义学习包括如下四个要素：

（1）学习具有个人参与（Personal involvement）的性质，即学生在学习的过程当中要全身心投入，要利用自己的所有特长和优势，将所有情感都投入到学习中去。

（2）学习是自我发起的（Self-initiated），学生的内在驱动力是学生学习的主要动力，学生要遵从内心的引导主动进行研究和探索，了解自己感兴趣的事物，发现其本质和真正意义。

（3）学习是渗透性的（Pervasive），学习所带来的逻辑思维和价值观念等会慢慢改变学生的行为习惯、思考方式和人生观念。

（4）学习是由学生自我评价的（Evaluated by the learner），学习的效果应当由学生自己评价。有意义的学习更加强调学生通过自身需要设定学习目标，因此也只有学生自己才能明确自己的学习需求并对自己的学习过程和学习成果做出理性判断。

（三）学习实质论

人本主义心理学的观点认为学习的本质是经验的总结、获取与积累。学习的过程就是经验形成和积累的过程。在人本主义心理学的基础上，人本主义学习理论则从以下四个方面来解释学习的实质：

1. 学习即形成

人本主义学习论重视学习经验和学习方法的形成。掌握方法远比掌握知识更重要。在学生学习的过程中，大部分知识是通过实践活动获取的，只通过现成的教学材料很难让学生真正掌握知识和学习方法。通过学习这一过程，学生能够发现自身的优势、给予自己积极的评价、创造自我价值，这也是学生积累学习经验、获得有效的学习方法的过程。掌握学习方法才是学习的主要目的。

2. 学习即理解

罗杰斯认为，个人的学习不是机械的刺激和反应之间连接的总和，而是一个心理过程，是个人对知觉的解释。不同的人在理解同一事物时其态度和反应都有不同，究其原因是两人对知觉的理解不同从而造成对世界的理解和感知也不同，而不是简单的个人所接受刺激的不同。由此可见，评定学生的学习过程要了解学生对外界环境和所提供学习资料的理解和解释，而不是只对学生接触了哪些学习资料和知识、参加了哪些学习活动进行了解。

3. 学习即潜能的发挥

人本主义心理学家认为，人类有学习的本能和欲望，有目的的、主动的学习过程才是适合人类学习特点的学习过程。人本主义学习观认为学生在学习过程中有清晰的目的，有能力为自己做出选择并满足自己的认知需要。因此高校的教学任务必须给予学生自主选择的自由和空间，让学生在舒适的学习环境中激发自己的学习潜能。罗杰斯认为，高校教育应当确立学生在学习中的主体地位，而教师则负责引导学生认知自我的变化、加深对环境变化的理解。人本主义学习观认为学习是一个愉悦的过程，教师应为学生提供轻松的学习氛围和有趣的学习方式，杜绝使用强迫或惩罚的方式来逼迫学生进行学习。

4. 学习是对学生有价值的学习

马斯洛和罗杰斯都强调，学习应当是有实际价值、对学生有帮助的实用性的知识或者经验。罗杰斯认为，只有学生真正认可所学知识的实际价值时，才有足够的动力和效率进行学习。具体而言，当学生认为某项技能或知识能够为以后的生活提供帮助时，他们就会主动并积极地进行学习，并对其产生深刻印象；而如果学生认为某一内容对自己今后的用处不大时，往往就会松懈，产生学习困难，并且很容易忘记。因此教师应当挖掘知识的实用价值，尊重学生的个性和兴趣，帮助学生建立自我需要与知识学习之间的联系，同时在学习内容选择上给予学生一定的自由，最大限度地满足学生的学习需求。

七、认知心理学

认知学习论是基于对人的认知和探索过程的研究而总结出的理论。该理论认为认知过程对于学习而言十分重要，意识是人们经由观察和学习最终形成知识和经验的重要媒介。学习就是人面对问题主动了解、积极探索进而形成认知和经验并补充原有认知结构的过程。认知学习理论的代表人物有很多，皮亚杰（J.Piaget）是其中杰出的一个。皮亚杰创立了日内瓦学派和信息加工心理学，即运用信息加工的观点研究人的认知活动。

皮亚杰认为，无论一个人的知识多么高深、复杂，都可以追溯到他的童年，甚至是胚胎时期。皮亚杰的理论试图以认知的社会、历史根源以及认知所依据的概念和"运算"的心理起源为依据来解释认知，尤其是科学认知。在皮亚杰看来，人出生以后如何形成认知、发展思维，受哪些因素制约，各种不同水平的智力及思维结构，是如何先后出现的等问题都值得研究。因此，他的研究主要集中在两个方面：认知发展的阶段性问题和认知发展的机制。其中，认知发展的阶段理论最具有广泛的影响意义。皮亚杰从认知图式的性质出发，将儿童的认知发展划分为以下四个阶段：

（1）感知运动阶段（0～2岁）。在这一阶段，儿童处于智力与思维萌芽的阶段，儿童主要靠感觉和动作来认识周围世界。

（2）前运算阶段（2～7岁）。在这一阶段，儿童脑海里开始有事物的表象，并且能够用词代表头脑中的表象，认知开始具备符号功能。尽管他们能够进行初级的抽象，并且能够理解初级概念以及期间概念，但是在他们的认知结构中，知觉表象仍然是占有优势的，他们的主要思维形式仍然是形象思维和直觉思维。

（3）具体运算阶段（7～11岁）。在这一阶段，儿童的思维水平有了实质的变化。他们的认知结构中有了抽象的概念，并具备了一定的逻辑推理能力。此时，借助具体事物和形象，儿童可以做出一定程度的推理。

（4）形式运算阶段（11～15岁以后）。在这一阶段，儿童逐渐摆脱了具体实际经验对推理的控制，能够做到不借助具体事物，做出符号形式的推理假设。在影响人的心理发展的因素上，皮亚杰认为成熟、练习和经验、社会性经验、平衡化是四个基本因素。

总之，认知心理学冲破了行为主义对心理学的禁锢，对原先无法探测的大脑活动过程进行科学的抽象，简化为可以直接观察的心理模型，通过客观方法研究更加高级和复杂的认知活动，把人类对自身的认识向前推进了一大步。

第四节　高校英语教学的发展

一、语言教学更加整体化

整体语言教学（Whole Language Approach）强调语言的整体性，语言的字、词和使用规则是语言的基础，它们同语言的使用环境相结合共同构成了语言的整体，支撑语言完成其交流表达的功能。整体语言教学认为口语的听和说与书面语言的读和写之间存在联系，它们之间是互通的。学生如果无法认知语言的整体性就无法窥探语言的本质。因此，教师在英语语言教学中，应当通过资料的使用和有意识的引导让学生对语言整体性形成一定认知，并逐步带领学生掌握教学内容。同时，教师在制订教学计划时也不能忽视有意义的学习。从教学实践上来看，整体教学法有以下几个优点：

（1）整体语言教学有利于培养学生运用语言进行交际的能力。在传统高校教育中，教师在进行英语语言教学时，常常会过分重视词语意义的解释和句子的语法结构，这就造成学生虽然能取得很高的考试成绩，但是在语言交流的实际应用过程中往往出现较大问题。在阶段教学过程中，学生对语言整体性的把握十分欠缺，这就导致学生"只见树木，不见森林"，难以将所学知识转化为自己可用的语言技能。而整体教学法以整篇文章作为学习资料的单位，要求学生将词语放在句子中解析，将句子放在文章的环境下理解，让学生将学习过程和语言环境紧密结合。只有这样学生才能加深对英语语言的感知，提升自己的英语交流能力。

（2）整体语言教学能提高学生学习英语的积极性。只有提高学生的学习主动性，学生才能成为课堂的主人，主动进行英语学习和训练。

（3）整体语言教学能给予学生自由、自然的语言学习环境。在自然的学习环境下，学生更能积极进行语言交际，在交流的过程中提高口语的听、说能力。教师可以根据学习目标设置交流背景，让学生自由发挥，真正提高自己的英语交际能力。

（4）整体语言教学能加深学生对英语的掌握和运用能力。在社会不断发展的背景下，高校的英语教学目标已经升级为培养学生的英语综合应用能力，尤其是学生在外语环境下与人交流的能力。例如，《大学英语课程教学要求（试行）》中明确指出："大学英语的教学目标是培养学生英语综合应用能力，特别是听、说能力，使他们在今后工作和社会交往中能用英语有效地进行口头和书面的信息交流。"越来越多的教师意识到，传统的教学模式不仅满足不了学生对英语学习的需求，也遭到了学生的厌恶。因此教师应当重视整体教学法，让学生在课堂上拥有锻炼语言应用能力的机会。

二、教学内容更加综合化

教学内容综合化要求英语教学不应仅仅局限于书本知识之中，而是要延伸到社会知识和技能应用上。语言是社会生活的工具，教学内容综合化的原因主要有以下两点：

1. 语言与社会文化联系密切

语言与文化之间的关系向来争议颇多，但如今大多学者在这一点上达成了共识：首先，语言是文化的载体，文化通过语言呈现，也通过语言传承；其次，语言和文化互相依存，达到共生，并且在相互影响、相互促进的形式下共同发展。

2. 学习策略研究受到重视

从教学实际经验中，教师可以得出结论：第二语言的学习成果受学习方法与策略的影响。除去天赋和努力程度的影响，只有拥有优秀学习策略的人才能在第二语言学习中取得优异的学习成绩。例如，有些成绩优异的学生能主动发现并抓住英语实践的机会，主动消除在英语学习中的消极情绪，在日常英语使用中也能时刻注意将英语知识运用起来，减少自己的语法错误。而学习差的学生则在这些方面上表现不佳。随着教育研究的发展，个性化教育和自主学习的教学方式逐渐赢得教师的青睐，高校英语教育也迎来了大的改革。教师的研究重点由"教"转向了"学"，学生在学习过程中的主体地位也得到了确立并逐渐成为现实。

如今，英语社会文化知识的学习在高校英语教学中越来越重要，英语的学习策略研究也受到了相关学界的重视。这一点在教学大纲的变化上也有所体现。例如，在《普通高中英语课程标准》（实验）中指出："综合语言运用能力的形成建立在语言技能、语言知识、情感态度、学习策略和文化意识等素养整合发展的基础上。语言知识和语言技能是综合语言运用能力的基础，文化意识是整体运用语言的保证，情感态度是影响学生学习和发展的重要因素，学习策略是提高学习效率、发展自主学习能力的前提条件。这五个方面共同促进综合语言运用能力的形成。"《大学英语课程教学要求（试行）》中也明确提出："大学英语教学是以英语语言知识与应用技能、学习策略和跨文化交际为主要内容"。

三、多元化趋势

1. 近年关于高校英语教学的观点

（1）传统的"工具论"

工具论认为英语只是一种工具，高校英语教学的目的是让学生掌握相关的知识和使用能力。现在也有部分人认为这种观点没有错误，但是也有人认为，传统的工具论并不符合当今大学生的培养要求。

（2）新近出现的"通识教育论"

通识教育论认为高校英语教学的重点就是通识教育，其主要目的是向学生传递英语文化的人文思想和价值观念。胡文仲教授在 2006 年提出"英语教育应该回归人文学科本位"[①]。随着这一观点的盛行，教育界学者对其的研究也越来越多样化，产生的优秀研究成果也越来越多。例如，南通大学顾成华的《通识教育视野下的大学英语教学改革》，浙江大学张雁、吴平的《发展新路径：大学英语通识教育化转向》等。《全国大学英语信息化教学改革成果总结暨外语通识教育与课程设置高层论坛会议纪要》中指出："外语通识化教育与课程设置改革思路势必成为外语教学的一个新思路，很可能会成为中国外语教学的一个重要转折点"。

（3）"取消大学基础英语教育观"或"ESP观"

部分学者认为既然英语是一种工具，那么将基础英语教育换成学术英语或专业英语课程更利于学生进行学习，减少对学生时间的浪费。由其可见，本质上，取消大学基础英语教育的观念就是英语工具论的延伸。不同的是，这两种观点所主张的英语教学的具体内容有根本区别，并且持"取消大学基础英语教育"观点

---

① 胡文仲，孙有中．突出学科特点，加强人文教育——试论当前英语专业教学改革 [J]．外语教学与研究，2006（5）：243–247，319．

的人认为英语教育是更为纯粹的工具获取行为。例如，蔡基刚教授认为："大学英语教育进行基础教育是方向性的错误，基础英语教育应当在高中阶段完成，而大学英语教育则应是纯粹的学术英语教育。"[1] 北京大学刘润清教授提出："我预料，几年之内，大学英语教师的职业发展方向是走专门用途英语的道路。"[2] 程雨民、章振邦、陆俭明、杨慧中等知名学者也持有与蔡基刚教授相同的观点。

2. 多元化发展符合当前的需要

从单一角度分析，以上三种观点都有其合理之处。拥有丰富教学经验的一线英语教师也对英语的工具属性的核心性持有肯定意见。高校英语教学的出发点就是让学生获取与外国人交流的工具。但是随着社会的发展，全球各国文化不断交流融合，我国英语的基础教育也越来越扎实，那么大学阶段必然对学生的英语学习提出新的要求，英语的通识教育功能也得到很大提升。学生越来越需要从英语基础教育中获得社会文化相关知识。同时，由于行业的需要，"学术英语"（EAP）或"专门用途英语"（ESP）也是高校英语教育不可或缺的部分。由此可见，我国现今的高校英语教育不能只满足于单一教学功能，否则将与社会对高校学生的素质要求不符。教育界也不能将英语基础教育完全下放到中学阶段。

高校英语教学的定位存在多方面影响因素，包括我国不同地区、不同学校的高等英语教育水平存在很大的差异，教学资源和学生的学习水平之间也存在极大的不平衡，同一学校的学生之间英语水平也存在巨大差异等。因此，高校对英语教育的要求也是多元化的，强行将高校英语教育定位成单一功能显然不符合高校的具体情况。

如果将各高校英语教学设计强行统一，就无法满足学生的学习需求，也与当今社会对人才的外语要求不符。因此，我国高校仍应坚持英语教学的多元化，满足不同专业、不同水平学生的英语需求，建立多元化英语教学体系，从教学大纲、教学内容编排和教学设计等细节处体现多元教学模式的特点。

---

[1] 蔡基刚. 关于我国大学英语教学重新定位的思考 [J]. 外语教学与研究，2010，42（4）：306-308.

[2] 刘润清. 论一堂课的五个境界 [J]. 英语教师，2010（12）：3-6.

四、教学模式创新趋势

1. 新的教学模式

教学模式是指由教学理念、教学目标、教学方法、教学程序、教学支撑条件、教学评价方法和标准等元素共同组成的教学整体框架。教学思想和教学理论是其建立的依据。随着科技的发展，计算机技术与教学之间的联系也越来越深化，新的教学模式就是将计算机技术与课堂紧密结合的英语教学模式。为了使我国高等英语教育的水平更上一层楼，高校必须将计算机技术应用在英语教学课堂上，通过新的教学手段提升学生的自主学习能力，为学生提供个性化英语教学内容，加强对学生英语听、说的练习强度；也要帮助教师优化课堂教学内容，为教师的课堂和课后辅导提供技术支撑。只有这样，学生才能充分利用计算机技术，寻找适合自己的学习内容和学习方式，快速提高自己的英语水平和应用能力。

2. 新的教学模式的主要特点

首先，这种新的教学模式的一大特点是以新的教学理念为指导。新的教学模式打破了课堂的限制，让教学思想从"教师为中心"转化为"学生为中心"，构建了"教师主导，学生主动"的教学模式，让学生和教师都能在教学过程中找到自己的定位，发挥自己的作用。由此可见，新的教学模式突出师生的个性，要求教学活动向课堂外延伸，发挥学生的最大学习潜力，从而提高学习效率。其次，以现代教育技术为支撑是其另一突出特点。现代教育技术，特别是计算机和网络技术，是实现新教学模式的基础条件。此外，新教学模式具有完整的系统性。新教学模式是对高校英语教学的全方位的改革，它的"新"不仅体现在教学方法上，而且体现在高校英语教学过程中的每一个环节中。新教学模式对教师和学生在教学过程中的角色和地位有明确的界定，并对教学内容、教学环境、教学方法、教学管理等教学环节提出指导性意见。

新的教学模式更加重视学生在学习过程中的主体地位，因此教师也必须改变自己的教学方式和理念。教师在课堂教学之外，也要引导学生进行自主学习。课堂教学只是教学的一部分，学生的自学应当更为重要。用"课堂教学＋自主学习＋个性化辅导"取代单一的课堂学习方法，在不增加课堂教学时间的情况下，加大了学习量和学习强度，促进学生较快地提高英语综合应用能力，达到更佳的学习效果。

目前，高校英语教学改革就是围绕实施新教学模式而进行。在实施新教学模式的过程中，教师的培训和教师自我的专业化发展也是十分重要的内容。因为高水平的高校英语师资队伍，是确保高校英语教学改革成功的一个关键因素。著名语言教育专家唐纳德·弗里曼（Donald Freeman）也强调，在外语教学理论和方式不断改革和创新的背景下，如果我们不把研究的焦点对准教师，那么外语教学的改革绝不会有大的起色。

第二章　高校英语教学改革概述

本章主要内容为高校英语教学改革概述，主要从高校英语教学改革的方向、高校英语教学改革的趋势两个方面展开阐述，引导大家对高校英语的改革形成基础的认识。

第一节　高校英语教学改革的方向

以下将对当前高校英语教学改革中出现的问题及内在原因进行深度的剖析，并以此为依据，提出了高校英语教学改革应进一步深化的策略，试图指出今后高校英语教学改革方向。

一、高校英语教学改革存在的问题

《大学英语课程教学要求》（以下简称《要求》）作为我国各高校进行英语教学改革的纲领性文件，它强调了学生学习英语的重要性和必要性，突出了对语言能力培养的重视，并为大学英语教学改革提供了基本依据。高校应以此为基础，结合自己的办学特色，制定相应的教学改革与实践方案。目前，我国已有许多高校正在或将要进行大学英语教改试点和探索，并取得了一些成效，根据各学校教学改革的实施途径和成效来看，但在大学英语教学改革中，仍存在一些问题。

随着我国各高校对英语教学改革的重视，一些高校将大学英语的四级和六级考试作为英语教学深化改革的指挥棒，主要从大学英语四级和六级考试的题型和内容入手，捕捉改革方向，导致大学英语教学成为一种应试工具。而如何更好地发挥大学英语四级和六级考试的导向作用，就成了大学英语教师研究的热点。我国从 1987 年开始在全国统一实行大学英语四级考试，并且几次调整大学英语四级和六级的考试题型，这一变化虽然和大学英语教学改革遥相呼应，但是大学英语四级和六级考试仍然不能完全将大学英语教学的要求充分体现出来，所以有必要对目前四年制本科院校的四级及以上考试制度进行研究和分析。在大学英语四级和六级考试的 100 分制阶段，考试题型注重的是语言本身，对英语应用能力考查很少，随着教育改革的发展，后期逐渐增加英语听说能力考查内容所占比例。在大学英语四级和六级考试的 710 分制阶段没有分割和划分及格线，只向学生发成绩单，强调对学生听说能力的测试与考查。这一时期，四年制本科毕业生参加英语等级考试时的成绩明显低于其他年级，而考试内容上听力的比例则从 20% 提高到 35%，阅读部分虽然依旧保持 35%，但是考查内容和形式愈来愈向实际应用方向倾斜。大学英语四级和六级考试应该只是作为一种教学方式，用于衡量学生是否达到大学英语教学目标的能力要求，以及考核学生的英语学习效果，因此高校不能将其作为教学的唯一目的。

《要求》提出要改变以前传统英语课堂教学中"教"和"学"两者之间存在的关系，确立"学"为中心，"教"为辅助的全新模式，全面积极发展学生在英语方面的自主学习能力，因此需要坚持将自主学习模式渗透到英语课堂教学之中，使学生自主学习能力得到循序渐进的提升与发展。由此可以看出来，这一教学模式想要取得成功，就必须"教"和"学"两个环节协同配合。学校应充分发挥教师在大学英语教学中的主导作用，同时注重对"教"的引导和帮助，要协调好包括英语教师、管理人员等在内的各方面资源，构建以校园网为基础的英语自主学习平台，给学生提供大量线上学习资源和信息，学生也应对课外时间进行充分有效的利用，主动开展英语在线自主学习。同时，学校还应重视对学生进行英语自主学习能力和策略的训练与指导。

严梦娜在对福建农林大学非英语专业学生的课外学习情况进行问卷调查时发现，63.7% 的农科学生和 50.8% 的工科学生将课外时间用于休闲或上网，其中上网获取资料用于学习的学生分别占 21.8% 和 27.8%。[①] 王林海和赵虹在对燕山大学学生使用网络进行学习的情况进行调查时发现大部分学生上网是为了休闲娱

---

① 严梦娜. 非英语专业大学生课外阅读英语文学作品的调查分析 [J]. 福建农林大学学报（哲学社会科学版），2012，15（2）：99–102.

乐，只有部分学生利用网络自主学习或获取有用信息。[①] 蒋宇红和周红在对嘉兴学院 1000 名大二学生的自主学习状况进行问卷调查时发现，65% 的学生没有养成自主学习的习惯，网络学习只是走马观花。[②]

通过以上内容，我们可以知道强调自主学习教学模式不能把学生学习的主动性和积极性激发出来，是达不到设定的预期教学目标。其主要原因包括以下四点：一是英语自主学习平台建设相对落后，甚至一些高校连英语自主学习网络平台都没有搭建起来。一些高校虽然在校园网上建了许多英语课程网站，但这些网站仅满足于提供给教师浏览和下载相关信息的功能，对学习者的自主性引导不足。二是自主学习线上资源受限，英语的四六级、托福等考试题是其教学的主要内容，缺少英语综合应用能力培养的学习资料，这些问题严重影响了大学生自主学习能力的发展。三是学生缺乏自主学习意识，既缺少有效监控措施，又缺乏相应的评价手段，仅靠学生有意识地开展课外网络自主学习，想要达到理想的效果难度是很大的。四是教师对如何组织课堂教学及指导学生网上自主学习缺乏足够重视，导致学生在网上自主学习过程中出现一些问题。也正是因为如此，实现在线资源的建设与使用，促使学生进行自主的学习，从而为快速提高学生学习英语的效率，是当前促进大学英语教学深化改革面临着一个难点问题。

《要求》中提出了大学英语以发展和培养学生英语综合应用能力为教学目标，王守仁调查发现，82.3% 的受访者认为提高学生的英语综合应用能力最重要，[③] 严梦娜的问卷调查也得出相同结论。综合运用语言知识和技能解决实际问题的能力这一术语成为许多专家、学者争论的焦点。综合应用能力在《要求》里也未得到明确的界定。因此，在实际教学过程中，很多人都将学生综合应用能力的强弱作为衡量英语教学是否成功的重要指标。一些学者认为，《要求》对于"综合应用能力强"的概念并没有一个清晰的定义，使各个高校在英语综合应用能力培养方面不知所措，甚至严重的还会步入误区。

① 王林海，赵虹. 大学生利用网络自主学习英语的研究与建议 [J]. 中国高等教育，2010（1）：55–56.

② 蒋宇红，周红. 大学英语采用形成性评价促进学生自主学习的实证研究 [J]. 北京第二外国语学院学报，2010，32（2）：69–74.

③ 王守仁. 关于高校大学英语教学的几点思考 [J]. 外语教学理论与实践，2011（1）：1–5.

为了解决这个难题，必须进行教学改革，建立以提高学生英语综合应用能力为核心的新教学模式。英语综合应用能力是由哪些方面构成的，怎样培养和发展学生综合运用英语的能力，直接涉及大学英语课程体系、课程设置等诸多方面。目前，有的高校英语专业的课程设计存在着不少弊端，严重影响了英语语言能力的提高，不利于大学生素质的全面发展。众所周知，课程体系和课程设置在教学中起着主导作用。不恰当的课程设置，在教学的过程中很可能会出现弯路，误入歧途，使提高英语应用能力成了一句空话。

二、深化高校英语教学改革的对策

（一）明确教学目标

我国大部分高校英语教学的侧重点是阅读教学，英语教学的主要目的是培养学生的英语综合能力，激发学生的学习兴趣，教师可以采取多种方法去激发学生的学习动机，比如观察法、调查法、谈话法等。通过这些方法，了解学生的特点和需求，分析学生存在的问题，引导学生明确自己的学习目标，从而激发和加强学生的学习动机。如果学生的学习动机不明确，就会进入被动学习状态，在学习过程中就会缺乏主动性和热情，遇到困难和挫折，很难主动克服，反而容易退缩和畏惧。

学习动机不足会使学生缺乏持之以恒的毅力和精神，学习效果不佳，学习成绩的下降，反过来又削弱了学习的动机，最终形成恶性循环。而当深层学习动机占主导时，学生在英语学习的过程中，就会表现出很高的积极主动性和对学习强烈的渴求。学生明确自己的目标，知道自己为什么要学，如何才能学好，不断增强自信心，不惧怕困难，遇到问题会尽力去找出原因并解决，随着学习成绩的逐步提高，学习动机也越来越强，从而形成良性循环。

基于这些原因，教师在知识的传授过程中，要时刻帮助学生明确学习动机以及学习目标。让学生了解学习英语绝不仅是为了通过考试，也不仅是为了获得文凭，找好工作，得高收入，更重要的是把英语作为交流与沟通的工具、知识和文化的载体来真正掌握它。掌握一门语言，就是打开了一个通向更广阔世界的窗口，视野会更加宽阔，知识会更加丰富，能力会更加强大。此外，教师帮助学生制定目标时，也要注意符合学生以及其他因素的实际，合情合理，不能过于模糊。

（二）坚持"以学生为中心"

学生是知识获得过程的主动参与者。好的课堂教学模式，不仅是单纯的单方向的知识灌输。过去高校英语教学中将语言结构作为教学的重点，这也就造成了"以教师为中心"的教学现象，学生在以知识传授为主的传统教学模式中，不能真正地参与进去，不能发挥自己的主动性，他们只能被动地接受，他们的创造力受到了抑制。更为严重的是，这种被动的学习模式使学生养成了依赖性，失去了对知识的探索能力，影响了学生的综合能力的提升。然而，随着英语教学的不断发展，人们也开始意识到学生才是教学的主体，"以教师为中心"的教学是影响学生学习效果的根本原因。为了解决这个问题，语言教学者提出了"以学生为中心"的教学理念。

虽然提出了新的教学理念，但是如何实现这一教学理念也是一个关键问题，英语教学从"以教师为中心"转变为"以学生为中心"，但这并不意味着教师在今后的教学中能够"袖手旁观"，也不代表教师之后的教学任务会变得轻松。事实上，"以学生为中心"的教学理念不但需要教师参与到教学活动中，还要求其配合学生完成整个教学任务，在此期间当学生出现问题时，教师还要及时给予帮助和指导。由此可见，虽然教师的教学地位发生了变化，但是教师的工作量不但没有减少反而增多了。

教学模式只有革新为双向互动的形式，才能激发学生的热情和参与积极性。只有让学生成为主体，时刻以学生为中心，教师成为辅助的引导者，才能真正激发学生的学习热情，改变传统课堂的沉闷氛围。教师要了解每一个学生在动机上、态度上、风格上的种种差异，努力培养学生的创新思维和能力，引导学生运用多种知识，从不同的角度去解决问题。

努力拓展学生的思维水平，鼓励学生勇敢表达自己的见解。让学生也能明确自己在课堂上的主导地位，了解自己是主动的参与者，而不是被动的接收者。在教师的帮助下，学生主动强化自己的学习意识，明确自己的学习目标，不断寻找和调整真正适合自己特点的学习方法，让自己成为英语学习的主人，使自己进入最佳的状态。

以学生为中心的教学原则是英语教学的首要原则。素质教育不仅强调要让每个学生全面发展、主动发展，更加强调的是让每一个学生实现个性化发展，关注学生个性的发育，是英语教学活动要承担的另一重任；因人施教、助长个性是素质教育的重要理念，关注人与人之间的个体差异，利用英语教学来促使学生个性化发展，使学生的个性得到充分发展，是素质教育背景下英语教学活动必须思考的问题之一。

（三）构建特色化的英语课程体系

高校在设计英语课程体系的时候，应以学校和学科人才培养实际需求为前提，以办学和人才培养目标为出发点，建设有各校特点的大学英语课程体系。大学英语是高等教育中一门重要的公共必修课，也是我国高等教育国际化和教育改革背景下对人才素质提出的新要求。在高校英语教学课程体系的建设中，必须综合全面考虑学校某些学科的发展要求，采用高校英语教学"四年不断线"方法，培养素质高、国际视野开阔的优秀学科人。

大学英语是高等教育中一门重要的公共必修课，也是我国高等教育国际化和教育改革背景下对人才素质提出的新要求。通常情况下，一年级和二年级为学生开设综合英语课程，三年级和四年级学生由于已经掌握了听、说、读、写基本的英语知识，所以会开设学习专业英语或者学术英语为基础的特殊用途英语课程。其中，特殊用途英语课程在英语基础课程和专业双语课程间起到了桥梁和纽带的作用，通过讲授特殊用途英语课程和随后的专业双语课程，让学生顺利实现由高校综合英语向英语专业应用类课程的转变。

不同大学通过建设具有自身特色的大学英语课程体系，灵活巧妙地设计四年不间断的课程，引导教学改革的正确方向。英语教师在进行英语教学时，应该固定地从事专业的英语教学，对有关专业的学科背景有全方位地认识和掌握，积累丰富的专业英语信息，以便于向一年级和二年级推荐英语听力或阅读材料，让学生在专业英文和双语课程学术报告的影响下，逐渐接受英语应用能力的训练。

（四）加强听说教学改革

《要求》中提出了要发展学生综合运用英语的能力，尤其在听说能力方面，让他们未来日常的工作、学习和社会交往中，能够运用英语进行灵活、有效的交流。所以，英语教师在教学实践过程中，必须时刻根据课程教学的具体要求，注重对学生听说能力的培养和发展。

目前，很多大学的首选对策就是加大听力课学时，部分高校设置的英语读写课和听力课课时比例为 1 ：1。另外，高校要对听说课程教学进行深化改革，只有这样才能真正提高大学英语教学水平和大学生的语言交际能力。一是认真贯彻和落实"以讲带听，以听促讲，听说并举"的课内教学原则，不仅要求在听力课上进一步加强听说训练，也要注意读写课教学的听说训练，做到在多种教学场合听说并重，实现学生听说能力快速提升的教学目的。二是要对英语专业高年级和研究生进行口语交际能力的培养，特别是通过课堂上的英语口语练习来提高他们的实际运用语言的能力，合理计划课外时间，落实英语听力。加强对大学生听、说、读、写综合应用技能的培养，除了课内教学，教师应引导学生利用课外时间进行听力训练。鼓励大学生参加各类活动和比赛，增强他们的参与意识和兴趣，促进其主动参与课堂学习中来，从而培养出更多的具有较强综合运用语言技能的复合型人才。实施英语四级考试合格院校英语免修制度，可以组织免修学生进行独立的听力学习。三是要加强对大学英语教学和学生课外英语听力活动的管理。一方面，教师应该给学生课外的听力材料，鼓励和支持学生参与课堂讨论、小组活动及社会实践等活动；另一方面英语网络自主学习平台的建设应得到进一步的优化与完善，积极创造条件，培养学生课外听力。

（五）培养学生课外自主阅读习惯

读优秀的英语文学作品能让学生的英语实际运用能力得到快速的提升。严梦娜在对大学生课外英语文学阅读情况进行调查时发现，48.5% 的非英语专业本科生课外没有阅读过英语文学作品。[①] 由此，对非英语专业的学生进行英语文学作

---

① 严梦娜. 非英语专业大学生课外阅读英语文学作品的调查分析 [J]. 福建农林大学学报（哲学社会科学版），2012，15（2）：99-102.

品课外阅读培训，丰富他们的英语阅读"内容图式"，在培养学生英语综合应用能力方面会起到基础作用。我国一些高校虽然借助网络自主学习平台，对学生英语课外阅读进行教学实践，但是效果并不是很好。课外英语文学作品的阅读教学要对过程性评价给予一定的关注。一是以学生为本，将学生对作品内容了解作为前提，教师分阶段使用读写课教学时间，开展互动交流和沟通。通过课堂展示与作业练习相结合的形式帮助学生了解文本信息。教师和学生之间的互动，平等参与的情境，以及开展的多种趣味性竞赛活动，可以增强学生阅读兴趣，使学生对英语文学作品有一个更加仔细的体味与鉴赏，从而减少或避免学生在阅读英语文学作品时出现抵触情绪。通过多种途径激发学生的学习积极性，培养学生自主阅读能力和合作意识，使学生养成良好的课外阅读习惯。二是确立英语文学作品阅读分级教学的合理目标。分级是为了更好地帮助学生掌握正确的阅读方法，使他们能够有针对性地学习并运用英语文学作品中的语言信息。英语教师在教学中，应依据英语文学作品难易程度，合理分配对应的阅读分值，指导学生结合自身英语基础，选取不同评分的文学作品阅读。三是建立科学完善的英语文学作品阅读评价机制。教师应分阶段合理评估一年级和二年级英语文学作品的阅读情况，要求学生每学期都要完成一定数量的阅读英语文学作品的任务，制定适合三年级和四年级学生的阅读英语文学作品的奖励制度，并且每学期按学生阅读分值给予相应的奖励，促使学生逐渐养成独立阅读英语文学作品的良好习惯和行为。

总之，高校英语教师在教学中应以《要求》作为纲领，把办学定位、学科建设作为服务的目标和对象，设计大学英语课程体系，建设合理课程，指导教学的正确方向。还要对目前英语教学改革中所面临的一些问题进行深度剖析，积极寻求变革，采取"四年不断线"的方法，立足于加强听说训练和培养，使高校英语向专业学习拓展，帮助学生顺利实现由普通英语到专业英语课程、专业双语课程的转变，在潜移默化中提升学生英语综合运用能力。

（六）加强多媒体网络教学

随着科技的发展，网络教学在教育中有了一席之位，网络教学的学习方法和手段都发生了一定的变化，网络教学的出现使学习者的身份相较于传统教育发生了一定的变化，这种变化不只是学习者身份的变化，也包含学习者观念的变化。

与传统教学相比，网络教学有以下三个优势：

（1）网络教学与传统课堂相比，学习资源更多样化，更加开放，网络教学的学习入门门槛低，学习者只需要具备上网条件，就能够实现随时随地、免费优质的在线学习。

（2）学生能够实现随时随地学习，不受地点的限制。网络教学的出现打破了传统教学在时间和空间上的限制，能够更好地满足学习者随时随地学习的个性化需求。

（3）在网络教学中，教学内容讲解简而精，学生能够通过观看教学视频，自主掌握学习进度，对于已经掌握的知识点能够快速跳过，学习下个知识点，不需要长时间等待。对于没有听懂的知识点，可以将视频下载后反复观看，直到学懂为止。

（七）评价方法多元化

评价是英语教学的一个重要方面。在高校英语课程改革的实践中，由于教师课程评价知识的缺乏和对于试卷分析工作做得不够，课程评价存在的问题很多。加上对语言测试的信度和效度问题缺乏正确的指导，教师往往感到很茫然。促进学生认知和行为的改变是英语课程的主要目的，而科学的评价方法能够促进英语课程目标的实现。

从世界课程评价的发展史中可以发现，当今的课程评价的发展趋势是充分尊重个体的建构评价理念。建构评价理念注重"协商"式的"共同心理建构"，在此基础上寻求共识的达成。这种评价理念的本质是充分尊重个体的主体性，在根本上打破了课程评价体系中的"客观性"和"科学性"的局限，从而彻底转变了评价的理念。建构评价理念是时代精神的具体体现，其中心思想是主体性评价。主体性评价的中心是评价者和被评价者。

主体性评价将评价本身的外显和内隐的教育功能充分发挥了出来。在具体的实践中，主体性评价不会受到外部力量的控制和监督，其评价目标的实现主要是依靠个体对自我行为的"反省意识和能力"。主体性评价的评价过程是民主参与、民主协商和民主交流的过程，是民主意识的翻译，富有鲜明的时代精神。主体性评价是教育性评价的一种，其终极目标是促进个体的发展。

因此，主体性评价的评价内容非常注重多元化，尽量从多个侧面反映个体，从而鼓舞个体的进取心和自信心。在我国的英语教学的课程改革中应注重评价内容多元化的发展趋势，在评价过程中注重个体的差异性，科学合理地进行评价，而不是使用统一的标准评价全体被评价者。

第二节　高校英语教学改革的趋势

一、教育信息化趋势

（一）信息化下的高校英语教学改革

伴随着全球信息化的快速延伸和各种先进的信息技术在教育领域中的运用，教育信息化已成为教育快速发展进程中一次深刻的变革。同时，高校英语课程也应适应时代发展对人才素质培养的需要，积极进行教学改革。从教育教学的过程看，教育信息化主要促进高等教育发生了如下转变：

一是信息技术支持。将信息技术整合到实际的教学过程中，使教学在方式方法上均产生变化，多样化教学方式的出现，如多媒体教学、网络教学等，使信息化在成为高等教育育人过程中的基础条件。

二是教育理念上的革新。信息化促使教学模式和教学方式发生变革，给整个教育教学过程带来深刻影响，如课程的组织、评价体制等均有待重新构架。

三是实现教育个性化。作为一种新的教学方式和手段，教育信息化正在引起教育界前所未有的重视，并将对未来社会产生重大影响。信息技术介入教育领域，建立信息化教学平台，让传统意义上很难实现的教学管理组织与要求变成了现实。面对知识水平高低不一的学习对象，高校可借助信息化手段，对学生学习层次进行划分，然后实施模块化和个性化的教学。

高等教育教学的信息化，作为教育信息化的核心内容，在高等学校教育教学改革中是一个至关重要的环节，全面推动高校信息技术和教育教学深度融合，可以说已经成为当前阶段教学改革的一大趋势。

在未来教学改革发展的大趋势下，主要任务是以应用信息技术手段不断创新人才培养模式，改革课程教学模式为中心，对信息化教学中学生学习评价机制和教师教学评价激励机制进行研究，并以信息技术为基础，促进高校"跨校选课，学分相互承认"，构建课程共享机制，激发优质课程资源共享的积极性等。在外部环境方面，经济社会发展对学生个性化学习需求以及高校人才培养的实际要求，促使高等院校在新常态下重点抓住教育信息化潮流中高校英语教学改革这一问题，顺势而为，勇于探索。从以信息化环境为依托方面入手，并且和教学实际相结合，创建适合的全新信息化教学模式。

（二）信息化下的高校英语教学模式

1. 高校英语教学模式发展

（1）计算机辅助高校英语教学模式

现代信息技术快速发展给高校英语教学改革带来了有利的机遇。随着计算机技术的快速普及，多媒体技术在教育领域中得到广泛应用，现在所有高校基本均已实现计算机辅助教学，多媒体辅助教学强调计算机仅是教学的一个"辅助工具"，虽然可以把课堂内容以多样化方式呈现，但是仍然把学生视为知识灌输的对象，从某种意义上来说学生就是被动接受者，教学内容也没有和教材脱离。该教学模式在英语课堂中引入多媒体教学，使以往教师加黑板的单一课堂教学模式得到了改变。就其本质而言，这种教学模式并没有在高校英语教学中起到明显效果，亦与过去教学模式大体一致，且"填鸭式"教学模式也已无法满足现代教育和社会的不同实际需求。

（2）网络架构的高校英语自主学习平台

近些年来，不少学者都强调建构主义理论在高等教育中的应用，建构主义理论指出：知识并不依靠教师和外界传授获得，而是处于某种特定的场景中，在他人的帮助下，对学习资料进行灵活运用，通过学习者本人完成知识的建构，主张教师与学习者并重，在肯定教师主导作用的同时，也对学习者主体地位给予充分的肯定。

建构主义教育理论是一种以学生为中心，注重培养学生自主能力，创新意识及协作精神的教学模式。以建构主义理论为依据，自主学习平台在网络架构下逐步成熟，并且开始进入高校。这类平台应以硬件为依托，由多个不同的模块构成，如考试测评、资源库等，以学习者为中心是其核心价值所在。这一学习模式似乎是对传统教学模式的一次颠覆，将学生主体地位充分凸显出来，学生从被动"接受者"转变为"驾驭者"，这对于培养学生独立获取知识与技能的能力具有重要意义。与此同时，教师对学生自主学习的指导与监督作用是不容忽视的，需要对现有学习平台进行改进，以适应新时代教学需求。一是该平台具备一定课程设置，学生要想进入更高一阶，必须完成基础学习，并通过测评。学生还可以进行个性化练习，以适应自己的需求，提高学习效率。二是该平台具有自动监控设置，如学满四分钟才可以开始考试，五分钟不处于学习状态，计时就停止等，以防止学生刷课现象的发生。学生可以组成一个没有地理位置约束的团队，一起探讨，共同完成学习任务，可以选择自己感兴趣的学科或主题进行独立学习，如语文、英语等，也可以利用网络平台与老师合作开展一些活动，以提高课堂效率。除此之外，教师还可以走进平台，把握学生情况，并且针对每一位同学的具体情况，布置下一节学习任务，灵活应对学生学习中存在的各种问题，并且能够公开指导、回答共性问题，这样就能及时了解每一个班级或个人的真实状况，以便对教学做出正确决策和调整。

这一自主学习模式是通过具体学习环境的建构实现的，学生根据自身特点及学习兴趣，积极选择学习的时间和方法，对学习过程进行有序的整理和组织，增强英语听说和运用的能力，由此可见，自主学习方式的终极目标是"快乐学习，终生学习"。

（3）信息技术与高校英语课程教学深度融合

在信息量很大的今天，新技术层出不穷，高校英语教学也在改革中得到改进、优化与完善，缓慢进入信息技术和课程的深度融合阶段。网络环境下的高校英语教育教学模式改变了传统课堂教学以教材为中心，以教师为主导的单一教学方式使师生之间形成一种平等的对话关系，提高课堂效率，增强教学效果。以互联网、校园网为依托的多媒体教学模式，注重个性化教学和自主学习，学生可以根据教师的引导和自身特点、层次等方面，借助学习软件及"英语资源库系统等"及"教学管理系统"，完成非定时、多地点学习的目的，也就是学生能够选择与自己层次相适应的学习内容和时间，并且无论何时何地都可以依据自身方法在电子阅览室、图书馆等学习，可以及时地了解学习上的进展，获得有关信息的反馈，对学习策略进行持续的调整，从而取得最佳的学习效果。就教学应用而言，有些课程教师可以通过对网络教学辅助平台的灵活运用，建设网上学习、课堂讨论和社会实践三位一体信息技术和教学深度融合的教学模式。

2. 高校英语教学改革现状

英语语言素质对人才培养国际化具有重要意义，同时也是必要要求。近几年，我国各高校根据教育部新颁布的《高校英语教学基本要求》都进行了程度不一的变革，也初步收到一定的改革成效和效果，尤其是分级分层次教学模式作为一种全新的大学英语课程模式受到广泛关注和推广使用。事实上，在高等教育办学越来越开放的今天，对人才素质要求提高，"互联网 +"颠覆了传统教育形态，高校英语现有教学模式中还存在着更深层次矛盾，如，分级分类教学缺乏改革深度、个性化教学缺失等问题。

就目前我国多数高等院校的高校英语改革情况而言，在传统教学模式中分级分类教学是主流。分级教学模式主要以学生成绩为依据进行分组，根据不同层次学生学习能力和需求来实施英语教学。我国高等教育从精英化阶段走向大众化阶段，虽然大学英语课程设置与教学内容都发生了巨大改变，但是在分级分类中仍存在着改革深度不够等问题，这样的教学组织方式，仅是根据高考分数的高低、专业差别大致划分，然后实施教学的。随着教育体制改革的不断深入发展，大学英语课程分级教学改革势在必行，它不仅能促进学生全面综合素质提高，而且能够培养出符合社会需要的人才。例如，西北大学作为地方综合性高校，不仅学科门类丰富，生源也遍及全国。为使改革试点的结果兼具有效性、客观性、代表性和可行性，在全校范围内全面推开和推行分级教学改革试验，经论证的实施方案分别在不同层面、不同学科四个院系的改革试点实施，参与的学生人数约 300 人，从 2004 级大学一年级开始。由实验结果可知，传统教学模式中的分级分类教学，仍然无法将教师教学和学生学习两个层面的积极性、主动性激发出来，且各专业之间存在很大的差异。

四级以后的教学问题是目前在高校英语教学中长期处于迷茫状态的改革瓶颈问题，也是目前教学模式无法解决的问题。大学英语第四学期教学中存在的问题是四级考试及格者缺乏学习动力，学生上课或者到课的效果不好，因为没有建立起相关考核机制，在教学过程中教师对学生约束力不强。这些都严重阻碍着大学英语课程教学质量的提高，甚至严重的已经影响到正常教学秩序，也一直困扰着高校英语任课教师，不同程度地打击教师教学的热情与积极性。此外，面对大学生的其他问题，如学习深造、出国留学等也迫在眉睫，当前阶段高校英语教学并未在根本上做到个性化教学，课堂教学仍以大班教学为中心、以教师为主，没有做到个性化定制学生的学习。

立足于当前教学模式与教学过程存在的深层问题，如何把握信息化趋势和"互联网＋"的改革趋势，是我们需要思考的问题，搞好以大学生为对象的高校英语教学改革工作，也就是怎样对学生进行层次划分，设计弹性学习机制，实现学生个性化学习需要等。

（三）信息化下的分层次教学模式改革

1.分层次教学模式构建

高校英语分层次教学，在我国高等教育领域中已具备了理论和实践的基础，且已经成为我国高校英语教学改革中的一大潮流。目前，全国各大院校都已经开展了分班制或走班制等多种形式的大学英语课程教学改革，并取得了一些成果和经验。分层次教学作为一种新型的高校英语教学模式，已经在许多大学中得到了实践，只不过各大学分层模型有所区别。各院校都采取了不同程度的分级教学，一开始采取按学生入学成绩进行分层，且多以流动层级教学模式为主，也就是入学成绩高者使用高阶教学，同时依据该阶段考核结果确定下一阶段学习水平，虽然也取得一些成效，但是随着教育形势的发展，越来越多的人意识到这种教学模式的弊端。这种分层教学模式会对学生产生一些负面心理影响，特别是被分到"条件较差"班的同学，都会有一些抵触情绪，不利于开展教学，也不利于培养人才。

高等教育飞速发展，高校英语分层次教学模式的改革也在不断深入，仅依靠高考入学成绩进行分层教学的模式已无法适应社会的不同需求，也无法满足学生自主学习的需要，促使高校英语教学从不相同的角度和方面综合考虑对英语的分层。具体包括以下三点：一是各个学科专业对英语的需求水平是不一样的；二是不同专业的学生在未来就业之后，其所在行业对英语的要求也不一样；三是学生根据自己的兴趣，喜欢英语的程度也不一样。在此基础上提出了英语课程分层教学法和分级教学模式，并通过实证调查分析得出该方法能够较好地满足当前高职院校英语专业人才培养目标的需要。已有的研究和实践表明，兼顾上述多种因素进行英语分层次教学，可以使英语教学中的盲目性得到有效降低，在快速提升教学效率的同时，节省大量的教学资源，将教师教学热情和学生学习热情充分激发出来，从而对培养国际化高素质创新人才方面起到紧随时代潮流与步伐的作用。

高校阶段英语教学按照《高校英语课程教学要求》，有一般要求、较高要求和高要求三个层面。分层次教学是针对学生英语基础、学习能力和未来可能进入的行业要求等要素，设计不一样的教学目标和方法，针对不同水平的学生有的放矢，给予相应学习指导，让每一位学生的英语学习取得最好的成绩。这种分层教学模式是针对当前高等教育中普遍存在的"一刀切"现象提出来的一种新的教学方式。我国古代就有"因材施教"之说，如今在立足于"因材施教"的同时，也重视社会个性化人才的不同需求。

2. 信息化与分层次教学改革实践

在以教育信息技术为驱动的改革大潮中，以及结合中国高校英语发生重大转变的机遇，应试教育要转变为多样化的应用型教育，基础英语教学转向专门用途英语（ESP），以便于为更好地扩充专业知识做铺垫。高校英语分层教学模式改革有其深度蜕变的改革因素。目前，各院校都在积极探索基于网络平台的课程资源建设与共享模式，以实现对不同水平的学习者因材施教。以学生个性化培养、个性化需求为目标，怎样在信息化平台上制定高校英语分层模型标准就显得非常重要。

以西北大学为例，在现有教学改革经验基础上，围绕"模型构建—平台搭建—兴趣驱动"改革思路，缓慢推动和促进高校英语分层次教学模式的一系列改革。为了充分满足社会经济发展对于人才培养的需要，构建适应研究型高校本科人才培养体系，以及培养国际视野高素质创新人才，出台了《西北大学关于修订本科人才培养方案和指导性教学计划的意见》。根据新的意见，《高校英语分层次改革方案》应运而生，注重新时期的创新与突破，使高校英语课程更具灵活性和选择性的同时，也具有一定的开放性。高校英语教学在立足于重视奠定学生的语言基础，发展和培养学生英语综合应用能力的基础上，全面提高学生素质，进而成为有高素质国际视野创新型本科的优秀人才。高校英语教学以通修课程为主，并在此基础上加强应用型课程的建设，在与网络自主学习相结合的过程当中，把课程划分为三种不同的类型（通修课程、高阶课程、特色课程），从而快速促进学生学习个性化发展。该校把高校英语划分为四个级别，其中一层次和二层次是学校的必修课，三层次和四层次是每个专业中按需选择的模块，分高阶课程和应用课程两部分，内容涉及影视欣赏、报刊选读等，可以面向全校选课。每个层次学生都有相应教材作为基础工具课或选修课使用，同时也可以自主选择适合自己学习要求的课程内容。此次改革以"大学科"理念为指导，突出应用性、创新性、实践性特点，强调理论教学与实践教学相结合，构建起一个多层次、多类型的课程体系。为了更好地支持高校英语的分层次教学改革，学校非常重视资源共享，努力构建"教学资源平台"，通过对多种电子图书资源、名师教学视频等的高效整合，搭建教学资源共享平台。同时，借助该平台还开发出相应软件，并以微信公众号作为辅助载体进行线上互动交流，形成线上线下结合、课内课外互补的立体化教学模式。依靠平台强有力支撑的在线课程教学、过程分析统计等，促进了课程信息化教学的深化改革，同时借助技术的快速发展，将该平台无缝连接到校园网门户教务管理系统，方便了教师和学生即时登录进行自主学习。

在全球化的潮流中，每个国家均高度重视信息技术在高等教育中的运用。在技术的影响下，快速发展的教育信息化，已对教育的多个方面产生不小的影响，从而实现和重建了高等教育开放式发展。英语作为一门语言学科，其教学过程也应该与国际接轨。高校英语教学改革在进入21世纪后，经过不断革新，已在全面提高各科专业人才素质及实际应用方面做出很大努力，并向更加系统化和科学化迈进。近年来，随着网络技术的快速普及和发展，越来越多的高等院校开始将英语作为必修课或选修课来开设，以满足学生个性化学习的要求。实际上，从互联网的发展趋势以及高等教育国际化的实际需要看，我国高校英语教学改革与教育信息化发展，这两个方面还有很大融合空间，也有几个关键问题急需解决。例如，高校英语课程建设中存在的问题是影响其进一步深化教学改革与发展的主要障碍之一；优质师资有限，以及高校其他办学条件落后于培养规模；教学过程中存在着大量信息交流与共享不足的现象；高校英语学习平台以网络为载体，要求具备一定的软硬件环境，怎样对计算机、学生、教师、实验人员和其他人员进行合理的配置，充分地利用有限资源，均需要在实践的过程中不断地调整和创新等。

与此同时，对教师和学生进行计算机技术培训是不可或缺的。如今，网络覆盖越来越大，特别是智能手机终端数量的大量增长，已基本达到"泛在的学习环境"，抓住新的形势进行高校英语教学改革迫在眉睫。

二、需求角度下的高校英语教学改革趋势

（一）需求现状

1. 社会需求

（1）高端英语人才培养严重不足

现阶段，我国学习英语的人数大约为 3 亿，其中包含了大学、中学和小学学习英语的超 1 亿人。部分专家认为，随着时间的推移，未来几年我国学习英语的人就会超过母语为英语的人总数。我国虽然有很多人学英语，但是同声传译、书面翻译这些高端英语人才还严重不足，在国内人才市场中非常缺乏，即便是在上海、北京等高级人才相对集中的城市，也无法避免此种尴尬局面。

（2）懂专业、会英语的"双料"人很受欢迎

众所周知，英语是交际工具的一种，与其他专业相比，其适用范围显然更为宽泛。随着改革开放和社会主义市场经济体制的逐步确立，我国各行各业都需要一大批精通外语的高素质专业人才，尤其是在高科技领域里，需要大批精通英语、掌握多种语言并熟练掌握计算机应用能力和各种先进生产设备操作与维修技术的复合型专门人才。现在我们国家虽然有许多人懂英语，但是因为英语专业的人才没有相应的专业知识或者技能背景，所以想要胜任大量的任务有一定的难度，本

身专业的技术工程师就十分短缺，如工艺、化学等，懂英语的更是难得一见。目前，国内许多企事业单位中，对外语人才需求很大。因此，要寻找满足企业需求，同时既要有专业知识，又可以娴熟地运用英语的优秀工程技术人才难度很大。

2. 个人需求

从语言学习的角度看，现如今的学生迫切希望有多种形式的语言输入和真实、有效、具有时代感的学习内容。学生迫切期待着英语学习能力的增强，以及快速提升灵活运用英语进行交际的能力，希望通过英语学习，能够达到和满足自身提升文化素养与专业水平等方面的要求。因此，教师应充分利用现代教育技术手段进行课堂教学。在实际的教学当中，教师为了顺利地完成教学任务，在教学的时候通常会拘泥于教材内容，一些老师用教材、教学课件当作教学的内容，上课时"照本宣科"。

（二）需求未满足的原因

现代社会对英语人才有着很高的要求，不仅要懂专业，还要能够灵活娴熟地运用英语。长时间以来，我国高校英语受高校英语教学语言基础定位的影响，与中学、小学英语教学基本大同小异，总是打好基础，没有和专业联系起来，致使一些高校学生在毕业的时候，不懂基本的专业术语，说英语更无从谈起，这类学生在毕业之后没有能力胜任要求专业英语工作的。目前，许多大学毕业生即使具备了一定的专业知识也无法顺利地走上工作岗位，原因在于他们缺乏必要的专业英语水平。这说明仅重视普通英语教学，忽视专业英语教学，在一定程度上限制和束缚了英语在我国高校中的发展。

（三）需求角度下的改革趋势

1. 下移基础教育重心，优化教学体系

我国高校英语教学主要针对基础英语，虽经先后经历了三次变革，但是都是在能力培养和发展的水平或层次上做出相应的改变与调整，这也从侧面说明了一直以来，英语的运用并没有取得新的实质性突破。要想从根本上解决这一问题，就需要对英语教学模式进行全面创新。因为高中英语和高校英语在多个方面基本上是相近的，如培养目标、教学要求等，因此伴随着高中新课标的实施，中小学英语教学质量不断地提升，高校英语与高中英语之间的边界也逐渐变得模糊起来。

全国已有 20 个省实施高中英语新课改，在新英语教材中，词汇量均有很大提高，高中毕业的时候，学生掌握的词汇量在 3500 个以上。很明显，《课程要求》中对大学生提出的普遍要求学习任务，预计在高中就会有很大一部分甚至完全实现。因此，高中阶段的英语教学应该由原来单纯培养学生听、说、读、写的基本语言技能向综合运用所学知识解决实际问题转变。这样从小学至高中阶段，学生经过 12 年英语教学，在高中毕业的时候，奠定了比较坚实的英语基础，特别在听、说、读、写的基本技能上应有较大的突破。同时，意味着大学英语教学将不再局限于语音与语法的教学，而是把重点放在培养学生运用英语进行交际的能力上来。考上大学的学生不用再花两年甚至更多的时间学习"基础英语"，就能直接向专业英语学习过渡，或者只是稍微训练一下他们，即可以转用于既能提高英语应用技能，又能进行实际国际交流的研究与培训。高校英语教学基本框架在其深刻影响下必将发生实质性的改变，以期为决策者达到对我国英语教学体系进行全面思考的目的打下基础。

2. 英语教学与专业结合，专业化发展

基本的英语能力在中学得到发展，高校各院校与专业相结合的改进与提高，是今后我国高校英语教学改革发展的主要方向。其实，高校英语教学的重心转向专业英语并不能阻碍基础的奠定，反而会从应用的层面巩固和提高基础，将"用中学"的思想真正体现出来。

3. 建设多元化、多层次的课程体系

我们都知道，我国地域辽阔，各个区域、不同院校的状况千差万别，高校英语教学要实行分类指导以及因材施教原则，以便于满足个性化教学现实需求。大学英语是一门重要的公共基础课，在培养高素质人才中发挥着不可替代的作用。

现今，高校英语课程设置很难真正落实因材施教原则，同时将学生积极性激发和调动起来的难度也很大。传统上，我国高等学校英语是一种分科化教育模式，其主要目的就是培养具有专门技能或职业能力的人才。国内有些大学虽然采用分级教学，但是仍未从本质上走出高校英语课程"综合性"教学的束缚，这种状况不利于培养全面发展的人才，所以新形势下，积极开展多元化与个性化教学模式，始终坚持认真贯彻分类指导这一教学原则，已经成为我国目前高校英语教学改革中一个新的发展方向。

三、科学的高校英语教学改革观

（一）正确认识高校英语课程性质

《高校英语课程教学要求》是当前关于高校英语课程较为全面、较具权威性的文件，明确了大学英语教学改革的方向、目标、原则等问题。2007 版关于高校英语课程性质而言的描述如下：高校英语教学作为高等教育不可分割的一部分，课程作为大学生必修基础课程，其重要性不言而喻。它旨在提高学生运用所学语言相互交流、获取信息及分析问题和解决问题的能力，促进其综合素质的发展。高校英语在外语教学的理论指导下，用英语掌握语言知识和应用技能、跨文化交际与学习策略作为研究的重点内容，并将各种教学模式与教学手段有机地结合在一起的教学体系。

（二）认清高校英语教学真实需求

认清和理解高校英语教学的真实需求，是一直以来被忽视的话题，人们普遍认为它已得到解决或者由教学主管部门依据自身的判断和评价，其实对高校英语构想的需要这个问题上还没有完全弄清楚，更不用说把它落实到实践上来，这也在某种程度上反映出我国当前高校英语的实际状况。

2007 年版本正式确定的需求如下：对学生英语综合运用能力进行培养和发展，尤其在听说能力方面，让他们将来在日常的工作、学习与社会交往中，能够运用英语进行有效的交流和沟通，在加强他们自主学习能力培养的同时，进一步提升综合文化素养，以便于适应和满足我国社会发展及国际交流的要求。

（1）学英语作为一种交际需要，是日常工作、学习以及社会交往三个层面的交际需求。我们知道，语言能力包括语音、词汇、语法和阅读理解等多方面内容，其中最重要也是最为关键的还是阅读理解。工作需要也是和职业相关的，后文将专论此问题。从社会对人才素质要求来看，外语应用能力已成为当今时代最基本的技能之一。学会交际的需要为 2007 年版新增的内容，简单来说就是正视现实，正确陈述。

（2）加强自主学习能力培养的必要性，高校英语终究是一门课程，学时并非没有限制。英语学习不可以完全依赖课堂教学，课堂在其中只起主导作用。所以说，发展学生的自主学习能力，才是真正的需要。

（三）强化师资队伍建设

改革开放以来高校英语教学取得了不错的成效，不容否定的是，这一切都得益于辛勤耕耘在第一线的英语教师。教师只有具备了较强的教学组织和引导能力、语言知识积累以及良好的教学方法与技巧，才能真正提高学生自主学习的能力。历史发展到今天，高校英语教学也有了全新的需求，并且也需要依靠教师的力量去实现和完成这个任务。因此，培养高素质人才是当前教育事业改革和创新中一项重要任务，师资力量又是决定人才培养质量的关键因素。当前，我国高校英语师资队伍建设遇到了许多难以解决的困难。

一是关于高校英语教师的学科归属问题。大学英语教学改革虽然已经进行多年，但是收效甚微。因为各种原因，高校英语在课程建设和教师发展方面均游离于学科建设之外，继而受到学科的轻视。作为一门公共基础课的英语教育，其作用也不甚明显，教授这一门课程的老师总是存在没有学科依托、学术身份不清晰等诸多问题。努力改变这一状况应是高校英语教学改革之一，更甚者是重要的前提和先决条件，由于在高校英语教学改革中严重缺乏主体性，高校英语教师积极性不高，使教学改革很难开展。

二是高校英语师资队伍建设涵盖团队与个体两方面的内容。团队方面以优化结构为主，个体层面则要注重提高英语水平及综合素质。当前，各个院校的英语师资队伍存在着学历、职称低等现象。在这种现状下，如何快速优化教师队伍在具体工作中又应该采取哪些措施呢？不少专家提出了不错的建议和意见。有的学者从顶层设计和统筹规划、发展课程和建设小组、按照实际需要引进人才提高学历等四个方面为高校英语师资队伍结构的完善开具"药方"，有很强的指导性作用。论高校英语师资队伍的个体层面，高等学校大学外语教学指导委员会发现，目前高校英语教师主要分为四类，即"探索者""奋斗者""安于现状者""消沉者"，这些不同的角色对他们的专业素质、教学能力以及在工作中发挥着不同的作用。在这种情况下，他们需要得到更多的社会支持与帮助，所以要创造条件，在激励"探索者""奋斗者"的同时，激励"安于现状者""消沉者"。

（四）构建科学的教学评估体系

任何一种教学均能够实施效果评估。近期对高校英语四级、六级考试取舍众说纷纭，有人觉得高校英语教学综合评估体系将为"1+N"。如果这种设想得到实现的话，那么大学英语四年制本科毕业生的外语水平就可以和研究生阶段相比，甚至比硕士毕业后还高一些，其中这里的"1"代表了全国大学英语四级、六级考试，"N"为各种专项英语考试。关于英语四级统考和大学英语教学综合评价体系问题目前教育界正在讨论建立一个以能力为核心的新教育思想和模式。很明显，这样就可以改变一考独大的现象。由此，将评估主体的多元化，评价内容的多维化，评估手段的多样化淋漓尽致地展现出来。

教育部规定，根据过去对高校英语课程的相关要求，制定高校英语教学新指南。新指南明确指出：高校英语课程服务意识是为学校目标服务，为院系专业的需求提供服务，为学生个体发展的需求服务。除此之外，也强调了高校英语教学应该与国家和社会经济文化发展相适应，为我国改革开放和现代化建设培养更多高素质人才。显然，本文在此特别强调了高校英语教学应满足三种服务需要，这三个方面正是当前高校英语教学改革与创新的方向和重点所在。未来将产生一个更多关注实际需要的全新高校英语教学体系，并且会在教学实践过程中不断完善。

第三章 高校英语教学模式理论

教学模式的合理选取会影响学生英语潜能的发挥，影响学生英语素养的培养，影响学生英语应用能力的提高。而高校英语教学模式的成功构建，有赖于一个扎实且科学的英语教学模式的理论基础。本章将从建构主义理论基础、教学系统设计理论基础两方面对高校英语教学模式理论作阐述。

第一节 建构主义理论基础

一、建构主义理论渊源

建构主义以教育学思想、心理学理论以及现实需要为基础，逐渐走向了与客观主义相对立的方向。构建主义强调事物本身并不能决定人对事物的理解，人对现实世界的理解是建立在原有知识经验基础之上的。不同个体原有经验是不同的，导致他们在认识同一事物时，就会产生不同的理解。这意味着学习除了是一个积极主动的意义建构过程，还是人的积极社会互动过程。建构主义的教学实践过程，并不是将知识经验简单地装到学生的头脑之中，而是以学生原本就具有的经验为出发点，引导学生构建起新的经验。总的来说，知识构建的达成，有赖于各参与共同体的社会互动。

二、建构主义学习理论

不同的建构主义理论，尽管在具体的观点方面存在着较大差异，但是也不能忽视它们的共识之处，即在基本问题上存在的共识。这里的基本问题主要包括有关知识、学生、学习和教学等。以下就建构主义学习理论中存在的共识与基本观点进行论述：

（一）知识观

不同的建构主义理论，一方面都质疑知识的客观性和确定性，另一方面都对知识的动态性和情境性两方面特性进行强调。实际上，知识只是一种解释、假设，并不能通过知识来对世界的法则进行精准的概括，知识在具体问题中，并不是一用就灵的，只能是以具体情境为中心进行的一种再创造。对于不同的学习者而言，他们在面对同一问题时，往往会产生不同的理解。

（二）学生观

首先，建构主义认为：学生在进入教室时，并不是空着脑袋的，而是带着多年以来在日常生活中、在学习过程中积累的经验。因此，教师在教学过程中，要重视学生的这些现有经验，将其作为新知识的生长点。在现有经验的土壤中，引导、培养出新的知识经验。在教学实践中，教师要创设出一个理想的学习情境，并以此来使学生之间的合作得到增强，对学生的高级思维活动起到刺激作用，提高学生的推理、分析等能力，从而使学生能积极主动地建构起自己的学习观。

其次，建构主义认为学习的过程不是教师向学生传输知识的单一过程，实际上是学生自主建构知识体系的一个过程。学生在学习的过程中，不是被动吸收信息的主体，而是主动建构意义的主体。对于建构的过程而言，学生的主体作用是不能被其他人代替的。

学生的知识建构过程主要会表现出三个主要特征。第一，学习的社会互动性。关于学习任务的完成，有赖于学习过程中各学习成员的沟通交流，有赖于各成员之间的学习资源分享。第二，学习的情境性。关于知识的存在，只有将其置于实际情境的应用活动之中，才能使其被人们真正理解。知识要是脱离活动情境并且抽象地存在是不可能的。第三，学习的主动建构性。学生在面对新信息新概念和新命题时，都会基于自己的原有知识经验，来建构起自己的理解。

（三）学习观

基于建构主义的知识观和学生观，可以推导出学习过程具有的基本特点，主要有以下三个方面：

1. 主动建构性

建构主义理论认为：首先，学习是学生主动建构自己知识的过程，是主动接收信息的过程。学生是建构信息意义的主体，这一过程必须由学生自己来完成。其次，学习是个体主动建构自己知识的过程，学生在学习的过程中要主动以外部信息为中心，展开选择和加工，也就是说学生不是被动的刺激接受者，学习也不是"刺激—反应"这一行为主义所描述的过程。最后，学习并不是简单的信息积累过程，学习是由于新旧经验的冲突，而导致的结构重组和观念转变。关于学习的过程，说起来就是新旧经验之间相互作用的一个过程，而不是以信息为中心的输入、存储以及提取的过程。总而言之，建构主义相较于认知主义的信息加工论，有着明显的不同。

2. 社会互动性

从传统观点的角度来看学习。首先，通常情况下，会将学习活动的社会情境视为一种背景，简单地认为学习是学生在头脑中进行的活动，没有将其作为实际学习过程的一部分，更有甚者直接忽视了社会情境。其次，建构主义者认为，学习是在某种社会文化的参与下，内化相关的知识和技能，掌握有关工具的一个过程。通常情况下，这一过程的完成有赖于学习共同体的合作互助。而作为学习共同体之中扮演着组织者、促进者角色的教师，他的核心责任是围绕着学习共同体为中心的相关学习活动展开组织和设计。

只有学生的知识和思维策略二者都被外显化和精致化，才能使学生的思维和学习活动的质量得到提高，才能有利于促进学生的反思监控。因此，学生除了要将自己的思路及观点进行明确化，还要能为其提供足够的证据支持，并以此为依据来展开自我解释。

3. 情境性

从传统教学观念的角度来看情境性。情境性认为学习的核心内容是可以从具体情境中抽象出来的概括化知识，学生在缺乏社会实践情境的状况下，通过学习所获得的概括化知识，在具体情境中，可以自然而然地实现迁移。但是，情境并不是一成不变的，它不仅是具体的，更是千变万化的，导致学生无法适应具体情境的变化，无法有效地、灵活地运用在学校中学习到的知识，更别说是解决现实世界中的问题，或是参与到社会实践活动之中了。总而言之，建构主义主张的观点是情境性认知。因此，作为学习者，一方面要对情境中所提供的支持条件做到充分洞悉，另一方面要对情境中的支持条件所能支持的活动和相关交往方式有所了解。

三、建构主义教学理论

建构主义学习理论是在 20 世纪 80 年代末兴起来的。该理论作为一种新的学习观，这无疑又是一场重要变革。最早提出建构主义学习理论的是心理学家皮亚杰，他提出："学习是一个持续不断的适应过程。儿童通过同化和顺应这两种方式完成了这种适应的过程。"[①] 即在"同化"与"顺应"这两个基本过程中，儿童或者幼儿对外部世界知识构建是循序渐进的，这样幼儿本身认知结构也就随之发展起来。布鲁纳依据皮亚杰的学习理论，进一步提出了"学科结构论"，并且在这一理论中主张"发现教学"。科尔伯格针对建构主义学习理论，进一步研究了认知结构的性质，以及认知结构的发展条件。以斯腾伯格和卡茨为代表的学者，强调在认知结构的建构过程中，起到关键作用的就是个体的主动性，并针对在认知的过程中，如何使个体的主动性得到发挥，进行了认知的探索研究。在文化历史方面的维果茨基创立了文化和历史发展理论，他以学习者所处的社会文化历史背景为研究对象，重点强调学习者认知能够发挥的功能和作用。社会文化历史理论认为在此基础上发展起来的社会建构主义深入地研究了"活动"和"中介作用"在人的高级心理机能发展中的重要作用。

建构主义理论的研究过程，是对建构主义理论的进一步修正，是对建构主义理论的进一步完善，为其在教学中的实际应用奠定了基础。建构主义的提倡者主张的是学习者知识的获得，是学习者处于一定的社会文化背景中，在教师或是学习伙伴的帮助下，借助人和人之间的相互协作，对学习资料和信息进行充分的利用，最终用意义建构的方式获得，而不是通过教师传授得到的。依据这些内容，建构主义学习理论研究总结出了关于学习环境的四大要素，分别是情境、协作、

---

① 罗莎琳德·查尔斯沃思.理解学前儿童心理发展 [M].王思睿，译.北京：中国轻工业出版社，2018.

会话以及意义建构。

建构主义强调人的发展具有主体能动作用，主张学习者的学习是在教师指导下，以学习者为中心的学习；主张重视学习者在认知主体作用的同时，也不能忽视教师在学习中具有的指导作用。针对教师在学习者学习的过程中所扮演的关于意义建构的帮助者、促进者进行了确认，否认了教师作为知识的灌输者与传授者的角色。确认了学生是信息加工的主体、意义的主动建构者的地位，否认了学生是学习过程中知识的被动接受者和被灌输对象。建构主义理论不仅可以促进人们对学习性质的认识，还对学习的过程有着重要启示。以建构主义学习理论的基本观点为基础，进一步形成了建构主义教学理论。

建构主义教学理论主要包括以下内容：

（一）教学观

学习的建构过程中，在知识的动态性和相对性两方面特性影响下，教学逐渐由传递客观确定的现成知识转变为对学生原有的相关知识经验进行刺激，并促进知识经验的"生长"和相关知识建构活动，并以此为基础来使知识经验的重新组织、转换、改造得以实现。关于教学，首先，教师要创设一个理想的学习情境给学生，来激发学生的高级思维活动。这里的思维活动包括推理、分析以及鉴别等。其次，为保证学生自身建构意义的发展，为促进解决问题活动，教师不仅要给学生提供丰富的信息资源和适当的帮助，还要为学生提供处理信息的工具。

研究者以建构主义的观点为出发点展开研究，提出了包括情境性教学、支架式教学等在内的新教学思路，并且对数学、科学以及语言等领域的教学实践来说，这些模式都有着巨大的影响力。部分建构主义者以学习和教学为中心，进行了新的解释，除了对学生经验世界具有的特性，即丰富性和差异性进行强调，还对学习具有的社会互动性、情境性以及主动建构性进行强调。

总而言之，学生是知识的主动建构者，只有在教学中创造出一个理想的学习环境，才能有助于学生的自主建构活动。

（二）教学原则

关于建构主义理论，首先在教学原则方面从学生的角度出发，强调以学生为中心，一方面使学生从外部刺激的被动接受者逐渐转变为信息加工的主体，另一方面使学生从知识的灌输对象逐渐转变为知识意义的主动建构者。其次关于建构主义理念下的教学活动，从教师的角度出发，一方面强调教师从知识的传授者逐渐转变为学生主动建构意义的帮助者，另一方面强调教师从知识的灌输者逐渐转变为学生主动建构意义的促进者。

总而言之，不管是教师还是学生，在建构主义学习环境下具有的地位与作用，相较于传统教学都发生了极大的改变。关于建构主义理念下的教学原则，主要包括四个方面的内容。第一，以学生学习的情境和学习环境为中心，展开精心设计，并以此来支持学生的学习，使学生在今后再次面对相同的问题时，能够顺利解决。第二，在具体课堂教学中，要保证学习任务与日常活动二者的相一致。第三，要支持学生积极进行反思，包括反思学习内容、过程等，要积极发展学生在自我管理方面上的能力，要对学生的怀疑和批判能力进行培养，要把学生的观点置于社会背景中进行检测，要引导学生成为自主的学习者。第四，教师要给予学生一定的解决问题的自主权。在教学中，教师一方面要对学生的思维进行激发，另一方面要对学生独立解决问题的能力进行培养。

（三）教师的角色定位

关于建构主义教育理念背景下的教学活动，从教师的角度出发，除了要将学生视为学习活动的主体，还要将其视为教育活动的主体。在具体教学中，教师所能起到的作用主要体现在：首先，教师除了是知识的传播者，也是学习领域的设计者、组织者以及指导者；其次，在学习活动中，教师除了是合作伙伴、协商者以及咨询者，还是学生进行模仿的榜样。

在教学实践中，任何一个学生都有各自的独立世界，每一个人的人格都是独立的，是具有独特特点和发展潜力的。作为教师，要对学生的个性和特长予以充分的尊重，一方面要重视因材施教；另一方面要以学生为中心，除了要帮助他们树立自信心和成就感，还要促使他们主动进行自主学习和创造。

教师在教学活动当中充当着指导者、设计者、帮助者以及组织者的多重身份。在整个教学活动中，教师在对学生的学习进行帮助和引导时，要将自己视为学生的学长、朋友。

除此之外，不管是教学设计还是教学实践，都要在学生实际情况的基础上，对学生的学习需求进行充分的满足，还要以学生为中心，为他们创造出一个优良的学习条件和环境，并以此来促进学生的学习与发展。

（四）教学方法

在上述建构主义的理论框架下，目前比较成熟的、应用较为广泛的教学方法主要有以下两种：

1. 支架式教学

"支架"理论，是由新维果茨基派的学者，在维果茨基的"最近发展区"理论经过多年发展并被广泛接受的基础之上而提出的。"最近发展区"理论是指学习者现阶段的语言水平与即将取得的潜在发展水平的距离。"支架"理论中的支架原意是用于建筑工地的脚手架，在这一理论中将"支架"比喻为一种起辅助作用的概念框架，主要用于解决问题与建构意义。

教师引领学生如攀登脚手架一般，从学生一个阶段的认知水平领域跨入另外一个更高的水平领域之中。这些脚手架是由概念框架起来的，使这种概念框架达到最完善状态是教师的职能之一，一旦学生具备了独立完成某种学习任务的能力，这种作为辅助物的"支架"就失去了作用。"支架"理论的目的在于通过有效的教学互动，来辅助学习者独立完成教学活动。维果茨基提出：对个体的发展水平，至少要确定两方面，其一是现有发展水平；其二是学生通过来自成人和同伴的指导、合作，来达到的解决问题的水平。二者存在的差异直接影响了学生心理发展的最近发展区。

俄国心理学家维果茨基认为，"支架"理论不仅能发挥教师的指导作用，还能体现出以学习者为中心的教学理念，即现代教育理念。近年来，有外语界学者将"支架"理论渗透于英语写作教学之中，经过研究得出，结合"支架"理论的教学模式既可以减轻教师负担，还可以提高教学效果。通过在课堂问答活动中逐渐融入"支架"理论，一方面来对教师是否了解学生的最近发展区进行研究，另一方面对教师是否了解适时搭建促问答平台的方法进行研究。教师在引导学生提升认知水平的过程中，扮演着参与者与诱导者的双重角色，教师通过一些提问策略，如重复、追问、改变词句等方式的变换使用，以此来为学生搭建穿越最近发展区的"支架"。

教师要注意对教学与发展的把控，教学应走在发展的前面，只有这样才能实现最好的教学。问题的提出，学生即使知道答案，也有可能不是马上回答出来，在学生能独立回答问题之前，教师提出的每一个问题，均能体现出支架式教学模式，并且学生的最近发展区也是一个呈动态变化的过程。

学生的最近发展区，可以说是在不断变化中逐步提升的。当教师的提问使学生开始沉默，代表了这一问题可能难度过大，这时教师要对学生进行适当的引导，提高学生的认知水平，当这一水平得到稳固，应引导学生继续迈向下一高层次水平。教师在学生独立回答问题之前，搭建的支架为教学活动和课堂提问带来的效果是显著的。

2. 抛锚式教学

抛锚式教学的教学要求是以有感染力的真实事件为基础的。此处的"抛锚"是一种比喻，是指确定这类真实事件，而一旦这类事件被确定，那就是说确定了整个教学内容和教学进程，用比较形象化的比喻来说，就像轮船被锚固定一样。

而建构主义认为，对于学习者来说，置身于现实世界的真实环境中，通过自身的感受和体验，来主动地获取经验，实现学习的目的，是学习者完成以所学知识为中心的意义建构，达成所学知识及其反映的事物进行深刻理解的最佳方式。其中的事物，除了有事物的性质，还包括事物与其他事物之间联系。相应地，传统教学中通过聆听的方式，来获取关于经验的介绍和讲解的方式，其教学效果是劣于真实情境中经验获取的。抛锚式教学是以真实事例为基础的，也因此将其称为"基于问题的教学"。

第一，创设情境。这一组成部分使学习能在与现实相类似或者是相一致的情境中发生。第二，确定问题。这一组成部分是基于创设情境，选择出学习的中心内容，并且这一内容是与当前的学习主题有着紧密联系的问题和真实事件。在这一环节，学生要围绕着他们面临的需要马上解决的现实问题，就是所谓的"锚"，因此，确定问题的这一环节，其作用就是"抛锚"。第三，自主学习。这一组成部分是教师提供解决问题的线索给学生，并引导学生去解决问题，在这一环节中，当学生面对问题时，教师并不直接告诉他们解决的方法。第四，协作学习。这一组成部分是指以小组的形式展开教学，通过组员之间的讨论和交流活动，在观点与观点的交锋过程中，使学生对问题的理解不断得以补充、修正和加深。第五，效果评价。这一组成部分是指教师仔细观察并记录下学生在学习过程中的具体表现。通过这种教学方式而展开的教学效果评价，无须再对教学过程进行专门测验。

四、建构主义理论实践中的要点

在建构主义理念支持下的教学活动，所需直面的困难和挑战依然存在。关于建构主义教学实践，在具体实施的过程中，需要注意的问题有如下四个方面：

（一）对传统教学管理的挑战

关于建构主义理念背景下的教学活动，其对教学管理有了新要求。简单来讲，就是需要教学管理相关人员，围绕着课程管理、教学评价以及时间安排等诸多内容，做与之相配套的改革。广大教师在教学实践中，相较于传统模式下的教学，在建构主义理念下的教学活动所需要划分的时间要多，并且，在有必要的情况下，相关任课教师出于教学的需要会展开团队合作进行课程整合。

这些都不利于教学管理和正常授课的进行，和传统的教学相比，建构主义理论下的教学形式、要求，与之有着很大的不同，教学评价的方式也要适当地做一些调整，这对于传统的教学管理来说是一种挑战。

（二）传统教学观念的不利影响

当前教育领域中的多数教师，他们接受的教育模式都是以教师为中心的，这种来自学生时代的影响，使他们无法在短时间内完成教育观念的转换，导致他们在具体实践课堂教学中，自然而然地就会运用印在脑海中的教育观念。而教师在具体教学过程中，在教学观念方面，既缺乏批判精神，又缺乏创新精神，其结果必然造成学生批判和创新能力的缺失。由于这种问题的存在，要向广大教师积极推广建构主义的教学理念，推动教师的教育观念的转变。

（三）"教师主导—学生主体"新要求

就传统教学模式而言，往往是以教师为中心的，即重视教师在教学中的主导作用，忽视教学中学生所具有的主体地位。在建构主义理念下的教学，则恰恰相反，走向了另一个极端，即过于重视学生的主导地位，却忽视了教师具有的主导作用。

这两种教学模式所主张的教育思想都有所偏颇，而将这二者有机地结合起来，就形成了正确的教育思想，也就是将教师主导作用淋漓尽致地发挥出来，同时也要突出和强调学生所拥有的主体地位，真正实现"教师主导—学生主体"，若是过于重视一个方面的内容，将会给实际教学工作带来危害。在建构主义理论下的教学活动，虽然主张"以学生为中心"，但是，要想使教学设计的环节都能切实落到实处，就要充分发挥教师的主导作用。在建构主义这种新型教育思想学习环境下，不管是教师主导作用的发挥，还是学生主体地位的体现，都有着重要的意义，因此，要将两个方面的内容充分体现出来。教师的主导作用表现在，其一，体现在教师讲解学习内容的过程中；其二，体现在教师对学生的启发和引导过程中；其三，体现在情境创设、信息资源提供以及研究性学习的指导等诸多方面。也就是说，在教学中，只有充分发挥教师的主导作用，学生的主体地位才会得到真正的展现，所谓的"主导—主体相结合"教育思想的教育目标就是如此。

纵观众多教育理论，可以得知建构主义理论除了是一种学习理论，还是一种包含了新教学思想的理论。建构主义理论除了对学习者的自主建构、探究以及自主发现进行强调，还要求将多种学习方式相结合，其中包括的内容有：其一，是学习者的自主学习；其二，是学习者的以解决问题为基础的研究性学习；其三，是以情境为基础的合作式学习。因此，建构主义理论下的教学，除了可以促进学习者创新意识、创新思维发展，还有助于学生创新能力的培养。

这一理论的出现，有助于解决教育中最突出的矛盾问题。

（四）教师教学技巧和管理能力的要求

在建构主义的教学理念教学中，要对学生的学习过程进行引导，帮助他们由简单地从书本中获取知识，转变为主动对自身知识进行建构。因此，教师为使学生知识建构过程的需要得到满足，除了要掌握相应的教学技巧，还要充分掌握相应的教学策略。

在具体教学活动中，教师所采用的教学方法必须考虑学生是否有自己的认知经验，不能灌输知识，应该配合学生的学习。换句话说就是，人不是机器人，思维是不受任何人支配的。在建构主义理论指导下的教学中，学习是学生自主学习，教师起辅导作用，因而提倡合作学习，也就是说学生不仅不是被强迫地去学习，而且在学习中具有的自由度是相对较大的。因此，教师在面对较为分散的学习环境时，要具有较强的监控和管理能力。建构主义理论下的教学活动，对教师的教学技巧提出了更高的要求，同时对教师的管理能力来说，也是一种挑战。

第二节　教学系统设计理论基础

一、教学系统设计理论概述

关于教学系统设计的萌芽，最早出现在军队和工业培训领域。20世纪60年代，教学系统设计才作为一门独立的知识体系，逐渐应用于我国的学校教育中，并得到了比较快速的发展。当前，教学系统设计得到了相当广泛的应用。在国内外教育领域中，不管是在课程设置、培训计划方面，还是在教材资源等方面，都相继开展了教学系统设计，并在发展过程中，逐渐收获了许多成功经验。在我国高校中的课程设计以及多媒体教材设计中，人们也越来越重视教学系统设计理论。

（一）教学系统设计基本内容

1. 教学系统设计的目的

优化、完善教学和促进学生的学习效果是教学系统设计的主要目的和宗旨，其理论基础是学习论、教学论等，其内容简单点说就是先明确要达到什么样的教学目的，然后对教什么（教材、课程、资源等）和怎么去教（组织、方法、传媒的使用等），最后又怎么评价教和学的这一系统过程进行具体的设计。关于这一过程，一方面有助于解决在教学中碰到的实际问题，另一方面有助于教与学系统预期功能的实现。

关于教学系统设计，首先，它可以直接使用于教学过程，并使以印刷教材、音像教材为代表的，用于实现教学目标的教学资源得以完成；其次，它可以是围绕着一门课的大纲，还可以围绕着一个单元或者一节课的教学计划展开的详细说明。

2. 教学系统设计的研究对象

教学系统设计的研究对象是研究教与学过程的系统程序。首先，这一系统包括的主要内容不仅有编写学习目标和合理设计教学活动，还有选择组织与运用教学的内容、方法等。其次，关于对教学系统设计进行研究的方法，其实是应用系统的方法研究，不外乎就是围绕着"教"与"学"这个系统中的要素与整体之间存在的联系进行探索，找出规律，并对它们之间的关系进行综合考虑和协调，以此来使各要素能够实现有机结合，使教学系统的功能得以实现。

3. 教学系统设计的作用

首先，教学系统设计是指在设计实践中，通过教学系统设计，将教学理论与学习理论二者相连接。其次，就教学系统设计的这一门学科而言，是建立在教学的设计实践的基础之上的。最后，教学系统设计是一个运用已知的教学规律，以教学问题为中心，寻找出创造性解决问题的方式。所以说，它所发现的教学规律，不仅不是客观存在的，同时，也不是易为人所知的。

（二）教学系统设计的要素

1. 静态要素

静态要素，是指教学组织者在组织教学的过程中，通常情况下会忽略的设计要素，并且这些要素是相对稳定的。静态要素主要包括以下几点：第一，管理要素，是指与管理维护存在联系的因素，包括管理者具有的素质以及在管理规章方面具有的合理性等内容；第二，学习者要素，是指学生所具有的综合素质，如学生应用计算机的能力、学生合理分配使用计算机的时间等；第三，技术支持要素，是指教学的硬软件配置，如多媒体、网络教学系统等；第四，信息资源要素，是指教学中可支持教师和学生展开教学和学习的多媒体资源，如课件、题库网络资源等；第五，物质环境要素，是指那些客观存在于教室内外的具体的环境要素，包括教室里的空间结构、上课使用的桌椅的摆设以及教室的室内温度和教室外面噪音是否对课堂教学有影响等；第六，教学组织者要素，是指教师组织课堂教学的能力，此处是指以其应用计算机的能力为代表的综合素质。

2. 动态要素

动态要素，是指运用于教学、为教学服务的多媒体网络教学系统功能，在实现教学的过程中，由教学的组织者灵活掌握，以教学内容、目标、策略以及教学媒体为代表的诸多要素。具体内容有以下几点：第一，教学目标要素，是指学习者在教学活动后需要掌握的内容，包括应掌握的知识和技能有哪些、应培养的态度和情感是怎样的，通过可观察、可测定的行为术语来对学习者的学习成果进行准确表达；第二，教学内容要素，是指要求学生系统学习的相关内容的总和，包括需要系统学习的知识、技能以及行为经验；第三，教学策略要素，指的是为了达到某一设定的教学目标，一方面需要对教学中用到的教学模式、方法和组织形式进行全方位的思考，另一方面要综合考虑教学中应选择的教学媒体；第四，教学评价要素是通过具体可行的方法对某一教学阶段里的教师教学和学生学习的结果进行评价，看是否符合之前定下的教学目标；第五，教学活动要素，是教学设计方案的具体体现，为进一步修改教学设计，提供所需实践经验；第六，教学媒体要素，是指直接加入教学活动之中，在教学过程中可使用的信息传输手段。

二、教学系统设计的基本概念

（一）"艺术过程"

从表面上看教学是一门技术，需要教师用专业知识和方法去完成教学任务。但从整个教学过程来看，教学更像一门艺术，教师针对学习的每个环节进行相应的教学设计像是在进行艺术设计创作，而教师就是艺术家，不同教师讲授相同教学内容，所执行的教学设计可以不一样。此外，教学设计中应该注重对各种多媒体资源的合理利用及设计，所以教学设计可看成作为艺术家的教师在进行一项严谨的艺术创作过程。因此，设计人员进行设计不仅要有充足的知识储备和丰富的经验，还需要艺术素质和创造精神。

（二）"科学过程"

夸美纽斯和赫尔巴特提出过"教育科学"的观点，对设计的定义进行了描述，即设计是一种科学过程，以设计为中心而展开的早期探讨和研究，它们与程序教学之间有着紧密的联系。在《学习科学和教学艺术》一书中，斯金纳首先对科学过程的基调进行了确定；其次，通过联结学习理论来对教学过程中的教学材料和教学步骤进行安排；最后，教学设计者出于要保证教学有效性的目的，致力于为设计工作找到科学基础。

许多学者对教学设计进行了划分，将其分为两个层次，即宏观层次和微观层次。宏观教学设计：在教学设计中，一个科学合理的决定，往往是基于比较丰富的经验研究之上的；在做设计过程中，因为是围绕这两种媒体或方法进行的对比，所以涉及大量的变量，从而很难实现或者出现使人满意的设计建议。微观教学设计：为保证微观决定的科学合理性，除了要关心引入的教学理论、学习理论，还要注重知识概念、技能以及某种思想的传播。

（三）"系统工程方法"

教学实际上是一个复杂的过程，难以有固定的因果关系，如在某条件下，如果实施某种策略，不一定就能得出某种必然结果。在教学设计中，通过从工程学中引入和采纳系统方法，一方面为教学设计提供了理论上的依据，另一方面找到了在科学设计运行方面的具体操作方法。

（四）"问题解决方法"

教学设计人员非常关心导致教学失败的具体原因，希望找出教学实践过程中存在的具体问题，以及对问题进行有针对性的解决，即问题解决过程。此观点的好处是要先确定问题所在，然后把问题具体化、详细化，针对这个问题找出相应的解决计划，为实现问题的解决而不断修改评价，避免某些不成熟方案的产生。

（五）"强调人的因素"

关于教学设计任务的发展，不仅对教师本人的综合素质提出了更高的要求，还对设计人员进行教学设计应有的素质有着更高的需求。教师和设计人员具有的素质能力，不管是事业心和态度，还是个人的教育价值观和标准等，都对设计有很大的影响。因此，教学设计首先要抓好教师和设计人员的培养。

三、教学系统设计与教学模式

（一）以"教"为主的模式

为以"教"为中心的教学系统设计模式提供理论支持的理论主要有两个，一是认知主义的学习理论，二是行为主义。

1. 四个基本要素，三个主要问题

四个基本要素：一是教学目标，二是教学资源，三是学习者特征，四是教学评价。这四个要素与教学系统的设计有着紧密的联系，整个教学模式的框架则是以这四个要素为基础建立起来的。

三个主要问题：以教学效果为中心，展开教学评价、检查以及评定预期；结合专业特点和市场需求分析教学需求，明确学生本学期必须学到什么；确定好教学目标以后，根据专业特点选择教学内容和教学资源，确定教学策略和方法，并且着重强调要围绕着学生本身的特点和个性来进行分析。

2. 主要的教学内容组织编排方式

教学内容是指由教育行政部门或相关培训机构制定或者选择的，以教学目标为中心展开的具有计划性的，包括学生在学校要系统学习的知识和技能、思想和观点以及行为经验三方面内容的总和。而教学内容主要包括以下四个步骤：一是选择与组织单元，二是对单元目标进行确定，三是分析任务，四是对所选内容进行评价。

教学内容组织编排方式，经过几十年来的发展，形成了三种较有影响力的方式，分别是布鲁纳的螺旋式编排方式、奥苏贝尔主张的渐进分化和综合贯通原则以及加涅的直线式编排方式。教师在进行教学内容的具体安排时，可综合运用这三种方式。

教师在进行教学活动时，必须整体把握来推进教学活动，这就需要制定和选择教学策略。教学策略是指以特定的教学目标为中心，为使其能够顺利实现而使用的教学活动的程序、方法以及形式等诸多因素的一种总和。因此，教学策略的设计最能体现教学设计的创造性。当前，被广泛使用的以教为主的教学策略主要有"假设—推理"策略以及"九段教学"策略等。

3. 教学评价

教学评价主要包括两种形式。一是形成性评价。它是指为了使教学活动获得一个更好的活动效果而对教学活动展开的评价。对教学进行形成性评价，是为及时了解每个阶段的教学情况和学生在现教学阶段学习的具体进展和不足之处，通过形成性评价而获取的教学信息反馈，可以支持教学工作的调整和改善。二是终结性评价。就其性质而言，更倾向于事后评价，主要是用于教学活动告一段落后，围绕着被评价者在教学中获得的较大成果而展开的，主要是对其进行全面鉴定、区分等级。

教学是动态的过程，总的来说，对教学系统进行设计的过程是比较灵活的，根据阶段问题灵活应对，适时调整。在这一模式中，教师要在教学风格基础上结合自身的教学实际情况，对教学设计的各个环节，以任意的顺序进行安排。在整个教学过程中，要将评价与修改贯穿其中。

另外，以教师为中心的教学系统中，其设计模式除了有较强的可操作性，还有着较强的实用性。在整个教学系统设计模式中，教师在对教学各个教学环节进行安排时，可以以自己的意愿为出发点。

以教师为中心的教学系统设计模式，经过多年的发展，其影响范围日益扩大。随着教学实践的不断深入、发现以及理论的总结，使得行为主义和认知主义二者在教与学的过程中被采纳，两者相结合，以"联结—认知"学习理论为代表的基本观点，逐渐被这一教学模式所接受。在教学系统设计的过程中，一方面要充分考虑学习者知识体系的具体情况，包括学习基础和知识水平；另一方面还要重视学习者在学习过程中，其自身认知方面的特点和能力将会对学习产生的影响。

（二）以"学"为主的模式

1. 以建构主义为指导理论

建构主义为以"学"为主的教学系统设计模式提供了指导理论，主要包括以下几个方面：其一，以教学目标为中心展开的分析；其二，学习情境创设；其三，自主学习设计；其四，以学习者具有的特征为中心展开的分析；其五，协作学习设计；其六，信息资源的设计与提供；其七，学习效果评价设计。在以建构主义教学理念为基础的设计模式中，对学习者特征的分析有着非常重要的地位，在这一环节中，学生除了是学习的主体，还是意义的主动建构者。而关于学习者特征分析的主要目的是以学生的现有能力与知识水平为出发点，来设计出与学生相适应的教学内容和问题，一方面以恰当的方式来对学生的学习进行指导，另一方面向学生提供丰富的学习资源。

2. 自主学习策略的设计

在建构主义理论为基础或者说指导下的教学活动，非常重视学生自主学习策略的设计。自主学习策略是指教师为了使学生的有效学习能够更上一层楼，以学习环境氛围中各元素的模式和方法为中心而展开的设计和安排。其核心是在充分调动、激发和发挥学生主动学习热情的同时，又强调要将学生在学习中主体作用体现出来。

教师在展开自主学习策略的设计时，要充分考虑两个方面的因素，即主、客观因素，主要有以下两个方面的内容：首先，主观方面是指学生自己本身原有的客观能力，如自己特有的记忆力、思维能力、想象力等认知能力和知识结构等。不管是认知能力，还是认知结构，都属于智力因素。此外，在主观方面，还包含着非智力因素。在这两类因素中，智力因素对学生进行学习策略的选择而言，是起着主导作用的。其次，客观方面是指知识内容的特征，并且这一特征对学习策略的选择有着决定性的作用。

建构主义学习中，在重视学习主体——学习者的同时，也没有忽视教师在教学过程中具有的指导作用。教师无论在怎样的情况下，都具有控制、管理教学过程以及帮助和指导学生学习的职责。由于学生是独立的个体，在认知和建构的过程中具有明显的个体差异，即使是采用一样的学习路径，他们所面对的困难也不尽相同，在这种状况下，教师要依据具体情况、具体问题，来做出有针对性的适时反馈。因此，教师在教学过程中，要格外注意对学生的学习进行适当的引导和启发，目的是促使学生走向意义建构。

3. 教学评价

仅仅以客观的教学目标为依据的建构主义主张评价是不全面的，因此，要将学习任务的整体性评价以及学习参与度的评价等内容，纳入评价的范畴，也就是在对学生学习结果的优劣进行检测时，采用让学生完成真实任务的方式，学习结果的检验是在实践中进行的。如果说学习是一个学生进行自我建构知识意义的过程，那么这个观点则是来源于建构主义的视角。源于建构观的评价就意味着使用的工具多是自我分析和认知工具，而对于强化和行为控制工具的使用方面来说，则有一些弱化了。

（三）"教师主导—学习主体"的模式

这两种教学系统设计以一种巧妙的方式结合起来后，便形成"以教师为主导—以学生为主体"的教学系统设计模式，也就是说"教师主导—学生主体"的教学系统设计模式是在"教"和"学"的教学系统基础之上的一种产物。而这种设计模式，一方面对教师在教学中的主导作用进行强调，另一方面也没有忽视学生在学习过程中的主体地位。

不管是从理论基础的角度出发，还是从实际设计方法的视角出发，教学系统设计模式的目的都是使以"教"为主和以"学"为主两种教学系统设计模式切实进行优势互补，更好地激发学生的学习热情，挖掘出学生的学习潜力，培养学生获得知识的能力，并以此来获得学生最佳的学习效果，以达到教学的目的。

"教师主导—学生主体"的教学系统设计，不管是从方法的角度出发，还是从具体实施步骤上来讲，它们都是以"教"为主和以"学"为主的教学设计方法和步骤的综合，就其基本要素而言，也有一些内容是关于教学系统设计过程中的基本要素的。在这种教学系统设计模式中，教育者或者直接说教师可以根据实际的教学内容，也可以在学生已有的认知结构的基础上灵活地进行教学设计，这种设计以"教"为主或以"学"为主。因为它具有公共部分和相互跳转的特性，所以在实际教学前，可以使该教学设计实现"教师主导—学生主体"，接着在实际教学中，就可以相应的采用以"教"为主或以"学"为主的教学策略。

四、信息技术与课程整合

（一）信息技术与课程整合的概念

关于信息技术与课程的整合，首先它是指教师教授学生学科知识的一个具体过程，一改过去"教师—书本—学生"的传统方式，教师在教学的工作中不再只是答疑解惑，而是把现代信息技术全面渗透进各学科教学过程，从而使现代信息技术为教师"教"提供了一种全新手段，给学生的"学"带来新的知识途径和更丰富的知识来源，并以此来营造一种新型教学环境的教与学方式。其次，信息技术与课程的整合不仅要充分发挥教师主导作用，同时也应该重视学生的主体地位，原因在于它作为教和学的一种方式，有合作、自主和探究三个主要特点。再次，信息技术与课程的整合是一种既能充分发挥学生主动性、积极性的教与学方式，也是一种能使学生的创造性充分发挥出来的教与学方式。最后，信息技术与课程的整合是一种能够加速促进传统的教学结构发生革命性变革的教与学方式，也就是说，它使以教师的"教"为中心的课堂教学改变成以学生的"学"占主体地位，使学生的创造精神与实践能力，得到切实培养和发展的教与学方式。

就整合的基本属性而言，主要体现在三个方面：其一，促使传统教学模式发生变革；其二，是实现新的教与学的方式；其三，是营造新型教学环境的条件。

（二）信息技术与课程整合的目标

1.优化教学过程，增强教学效果

教师可以把先进的信息技术和课程整合在一起，改变了传统的依赖书本教学的单一模式，基于先进的教育思想和教育理论，运用以多媒体、计算机和网络为代表的先进信息技术，并将它们融入各学科的教学环境和课程整体中去。信息技术作为教学工具，体现在两个方面。第一，根据学习目标和专业需要可以用来优化教学环境，是环境创设的工具。第二，认知工具教材的内容已经满足不了学生的知识需求，电脑、手机等大众化后，可以使学生了解到更多的信息，教师要做

好把关，使新的信息技术真正成为促进学生学习的工具。在教学实践中，这种新型教学工具的出现使原有的教学内容、教学环境、教学中教师和学生的地位、教学评价等都得到了改善，正确地运用信息技术使教学质量和学习效果都得到了提高。

2. 培养学生掌握信息化学习方式

网络信息时代的到来，使人们接收信息的途径发生了翻天覆地的变化，人类的学习方式也受到影响，学习不再是传统的接受式学习，新型的学习方式如探究式学习、研究性学习以及自主学习等纷纷出现。新的学习方式对学习者提出了更高的要求：首先，要能充分利用网络提供的可用于学习的信息资源；其次，要能在数字化情境中完成自主发现；再次，要能通过网络信息工具，展开跨时间、空间的协商交流，或者是合作讨论式的学习；最后，要求学生会利用信息加工工具和适合专业的创作平台，来实现实践和创造性的学习。

3. 培养学生的信息能力素养

首先，要对学生的信息获取能力进行培养，这一项能力主要包括信息优选、信息采集以及信息发现；其次，要对学生的信息分析能力进行培养，这一项能力主要包括信息综合、信息查错以及信息分类和信息评价；再次，要对学生的信息加工能力进行培养，这一项能力主要包括怎样通过信息的有效利用，使学生在学习、生活以及工作中遇到的问题得到解决；最后，要对学生的信息利用能力进行培养，这项能力主要包括信息的组织、表达以及信息的存储与变换。通过以上几个方面能力的培养，一方面可以为学生的信息文化打下坚实的基础，另一方面使学生能明确信息内容的内涵和分析信息的利与弊并有批判的能力，培养此能力主要是使学生今后在虚拟的网络环境中，能够储备足够的伦理道德和法律意识。

4. 培养学生终身学习的意识和能力

现在是信息爆炸的时代，信息传播快、更新也快，学科之间的知识不再是独立的，知识的不断更新和拓展，使各学科之间在有着密切联系的同时又互相渗透，交叉学科和新兴学科应运而生。随着现代教育技术和信息技术在教学中的广泛应用，多媒体技术已成为现代化学校不可缺少的工具之一。当今社会对学习者提出了更高的要求：首先，要求学习者要主动获取知识，并能将这些知识用于解决日常生活实践中存在的问题；其次，要求学习者要能围绕着整个学习过程，展开自我组织和管理；最后，要求学习者能经常对自己进行剖析反思，在自我评价中发现自己的不足之处并及时改正，还要有"活到老学到老"的态度，养成良好的学习习惯，以此来使自己不断进步。

（三）信息技术与课程整合的现实意义

信息技术与课程整合，从本质上来讲，是营造出一个新型教学环境，改变原来教师、学生、教室、课本的单一教学模式，创设新型的教学模式，即"教师主导—学生主体"的教学模式。这种转变将会最大限度地将创新人才培养的目标得到切实的落实。

我国的教学改革已经有很多年的发展历史了，获得的成绩可以说是不俗的，但是在突破方面很保守，没有太大的收获，这是因为教学改革没有足够重视教学模式的改革，只对教学内容、手段和方法进行改革，难以支撑较大突破的出现。尽管对教学的内容、手段以及方法方面进行改革起着非同寻常的作用，但是这些改革不足以解决教育中的深层次问题，包括教育思想、教与学理论等。而要想实现这些深层次问题的触动，就要依赖于教学模式的改革。

传统的教学模式，即以教师为中心的教学模式，多年以来一直占据主导地位。首先，其优点一方面是促进教师主导作用的充分发挥；另一方面，既能促进教师对课堂教学的组织、管理，又能促进教师对课堂教学的控制。其次，其缺点是没有重视发挥出学生的主动性与积极性，完全忽略了学生在教学过程中原本就应该具有的主体地位。

传统教学模式中，由于学生在教学活动中一直处于被动地位，因此就很难使教学效果达到理想程度，更别说创造性人才的培养。这是传统教学模式的最大弊端，其产生原因在于没有重视教学模式的改革。

总的来说，信息技术与课程整合，不仅有助于激发学生的主动性、积极性与创造性，还有助于创新人才的培养，并对我国教育的深化改革具有极其重要的现实意义。

第四章　高校英语多样化教学模式

单一化教学模式不利于教学模型的成功搭建，本章主要对高校英语多样化教学模式进行探究，分别从探究式教学模式、参与式教学模式、多模态教学模式以及内容型教学模式四个方面作论述。

第一节　探究式教学模式

一、探究式教学模式的含义

教师选择探究式教学，可以说是满足教学改革实际需要的理想方案。探究式教学是基于探究这一基本特征而展开的一种教学活动形式，探究式教学包括的含义主要有两层：其一，什么是探究；其二，什么是探究式教学。

首先，探究一词就其本意而言，是探讨和研究的意思；其次，探讨一词的含义就是探求学问、探求真理以及探求本源；最后，探究一词的含义就是研讨问题、追根求源以及多方寻求答案和解决疑问。由此可以引申出探究式学习的含义，即仿照科学研究的过程的一种学习方式。这一过程主要包括体验、理解以及获得科学研究能力等。

美国国家研究理事会对探究式教学进行了定义。第一，提出问题是指学习者以科学性问题为中心展开的一系列探究活动。第二，收集数据，是指学习者通过某种方式或渠道，来获取可以支持他们进行解释、评价关于科学性问题的证据。第三，形成解释，是指学习者根据事实证据形成解释，然后再据此解答科学性问题。第四，评价结果，是指学习者通过对其他可能的解释进行比较，并使解释与科学知识相联系。第五，表达结果，是指学习者围绕着提出的解释，进行阐述、论证以及交流。

探究的学习是指学生通过自主参与获得知识的过程，而且它是一种积极的学习过程。探究的学习不是教师将已完成思考的现成结论，拿来让学生被动地接受，而是以学生为主体，让他们自己去思考应该做什么、怎么做。因此，我们说探究式学习除了是一种学习方式，还是教育教学的一个目标。

探究式教学对教师提出了新的要求，即通过理论对实践进行指导，基于实践总结新理论，并不断促进教学得到更好的发展。探究式教学具体来讲就是教师引导学生：一方面，引导学生围绕着相关学习内容进行深入探讨；另一方面，引导学生围绕着有关问题展开多方面的研究，寻找出可用于解决问题的相关具体的过程和活动。探究式教学的实施目的就是使学生在具体学习过程中，能通过自主、能动的方式，实现知识的掌握以及能力的获得，同时获得科学的方法，并且促进学生科学态度和科学精神的培养。

探究教学的实质就是在揭示科学结论的过程中，不仅有赖于提出科学结论的方式，还有赖于检验科学结论的结构方式。简单来讲，就是将提出的观念和所进行的实验告诉学生，除了要说明由此得到的资料，还要把这些资料转化成相关的科学知识进行解释说明。

二、探究式教学模式的特点

探究式教学理念探究式教学的基本特点是教师不会将现成的结论告诉学生，而是为学生提供问题情境，并引导、组织学生自己去发现问题、解决问题。探究式教学强调直觉思维。直觉思维也叫非逻辑思维，在学习中，直觉思维的形成一般是映像或图形等直接领悟的思维。布鲁纳认为，直觉思维、预感的训练是正式的学术学科和日常生活中创造性思维很容易被忽略而又重要的特征。[①] 直觉是发明工具，在具体分析问题之前，根据对原有知识的总结，对问题直接提出假设性结果或猜想，或是对问题做出大胆预测，对科技创新有着重大作用。丰富的想象力有利于创造思维的形成，教师要时刻关注学生的思想动态，在学生开展探究性活动时，注意保护学生的个性思维和创造性，防止过早的语言化和程式化。简单

① 郭涛.最新国外基础教育先进理念与教学模式方法通览 [M].哈尔滨：黑龙江教育音像出版社，2005.

地说就是教师要鼓励学生相信自己的直觉观点，然后边想边做，试着验证自己的观点。

探究式教学重视学生内在的学习动机。当然，为了唤起学生内在的学习动机，创设问题情境就成了教师必须钻研的工作之一。一线教师不仅要引导学生去发现问题，而且要鼓励学生调动一切已有的知识、利用合理的思维去解决问题。教师设置的这个问题情境好不好，就看它是否能够起到帮助的作用，能否激发学生学习的热情，刺激学生原有的学习潜力，点燃他们探索求知的欲望。

（一）强调师生互动

探究式教学强调学生的自主、合作，要重视对学生综合素质的培养，并能够将学到的理论知识运用到实践中，从而为学生个人的发展提供坚实的基础，这些都与培养学生的核心素养所追求的终极目标是一致的。探究式教学的基本特征有八个方面，即问题性、自主性、引导性、实践性、研究性、过程性、渐进性和开放性。每个教学特征都为学科核心素养的渗透与落实提供了有利条件。

建构主义理论和多元智能理论是探究式教学的主要理论依据。建构主义理论的基本观点有：学习是学习者在自己原有知识、经验、概念、技能、信仰、习惯等因素的基础上所进行的主动、积极的意义建构过程。多元智能理论认为，每个孩子都是一个潜在的天才儿童，只是表现为不同的方式。该理论创始人加德纳提出人类的智能至少可以分成八个范畴。

自主建构学习的过程，也是提升学科核心素养的过程，这种学习方式有助于学习者的创新意识、创新思维、创新能力和合作精神的培养。而创新与合作正是现代高素质人才应该具有的基本素养。多元智能理论倡导现代教育要成为开发和释放人的创造潜能的发动机，八大智能中有逻辑数学智能和空间智能，这与数学学科核心素养一脉相承，成为培养学生数学学科核心素养佐证的理论依据，关键要开发利用好。

（二）强调过程和结果

首先，探究式教学要求教师指导学生，围绕着事物和现象，展开主动的研究，并通过探究过程，来对知识之间存在的内在联系进行理解，一方面实现对知识的灵活掌握，另一方面实现灵活运用知识的目的。

其次，探究式教学要求教师要将知识和科学方法有机结合起来，基于学生自身的知识，以观察、调查以及假设为代表的多种形式的探究活动，使学生经历收集、分析信息过程，并在其中收获自己的探究结果。通过探究式教学不仅可以培养学生的科学态度，还可以使学生的精神得到培养。

（三）强调知识运用

探究教学所具有的基本特点之一就是学以致用，简单来讲就是使学生运用知识解决实际问题的能力得到培养和发展。通过探究式教学，一方面能实现综合提取知识；另一方面可以实现跨学科解决具有复杂性、综合性，以及涉及面广等特点的诸多问题。

通过探究式教学，可以使学生在掌握知识、运用知识以及解决问题的过程中，既能够更加接近生活实际，又能更加贴近社会实际，从而使学生的实践能力得到培养和发展。

（四）强调培养探究能力

在探究教学的教学实践中，要求教师不主动将问题的结论或答案告知给学生，通过相关实验过程来对结论进行验证，而是要让学生以多种形式的探究活动，来体验获取知识的经验，使他们对新事物的新认识得以顺利构建，并使学生的探究能力得到培养。

探究式教学是以一种以多样且复杂的活动情境，使学生获得多角度的、较为深层次知识的教学方法。这种方式有助于帮助学生建立起知识间的联系。因此，探究式教学是一种当能够帮助学生在解决实际问题时更好地以"知识"为中心，展开灵活运用，以便更好地解决问题。也就是说，只有当学生的学习是自主的、是积极的，才能使学生的内在动机被充分地激发出来。

（五）强调从已有经验出发

相关认知理论表明，学生的学习是建立在他们已有经验的基础之上的。所以，要想提升学生学习的积极性和主动性，就必须根据学生的实际情况进行教学分析和实际教学的开展，只有这样才能达成预期的教学目标。

三、探究式教学模式的价值

（一）满足改革需要

教学改革的深入发展要求探究式教学除了要能符合教学改革的实际，还要能充分满足改革者的心理需要。就当前我国的教学改革而言，其主要包括三个方面的宗旨：首先，要打破传统教学的束缚，即改变束缚学生手脚的教学方法以及教学模式等；其次，要遵循现代化教育的观点，即遵循以人为本的观念，最大限度地为学生创造空间；最后，要以教材中包含的基本知识为依据，重视学生创新精神的培养，同时重视学生实践能力的培养。

只要切实做到以上三点，教育改革必然能够取得一定的成效。这里所指的改革就是指对新的教学途径和教学方法展开探究。教育改革者在改革过程中的实际需要，可通过探究式教学来进行满足。

（二）提升班级教学活力

对于班级教学，探究式教学的利用能使其更具活力和效力。这里所指的班级授课是弊大于利的，这是因为在科学技术飞速发展的情况下，借助远程教育和网络教育，便可实现课堂教学的现代化，班级授课的方式抹杀了学生的个性，阻碍了因材施教的实施。

关于探究式教学的实施，首先，在教师教授方面，要最大限度地减少；其次，在学生自主发展的需要方面，要最大限度地满足；最后，能使学生实现在"活动"中进行学习，在"主动"中进行发展，在"合作"中进行增知，以及在"探究"中进行创新。

（三）促进教师转变理念

关于探究式教学，它除了能帮助教师在探究中实现"自我发展"，还能破除教师的"自我中心"观念。就课堂教学改革而言，是具有很大的难度的。

通过现代教育理念，来对传统教学中的观念进行改变，是难之又难的。而教师要想改变自己的传统观念，首要的就是在实践中采用探究式教学，不但要对自身经验进行总结，还要不断汲取别人的经验，其中，也包括向学生学习。教师的角色在探究式教学的实践中，与传统教学实践中的角色有着很大的不同，主要表现为：由"台前"走到"幕后"，扮演着"导演"的角色。在探究式教学中，教师除了要安排好适当的场景，还要能充分激发出学生的学习动机，使学生在教学中，由观众逐渐发展成为实际的参与者。

四、探究式教学模式的原则

（一）主体性原则

探究主体应该是学生，围绕要探究的问题，由学生自行合作探讨解决问题的方案与策略，并付诸实施，遇到问题尽量自行解决或小组合作解决。事实上，无论是概念教学还是习题教学，当学生明确了要研究的问题之后，教师就要大胆放手让学生自行去研究，其间教师没必要进行提示，否则学生的思维只会被束缚在教师提供的框架下，虽然此时问题可能可以比较顺利地解决，但学生缺少了经历"磨难"的探究，他们很难对问题的本质有深刻的认识，也错失了一次提升思维能力的机会。

（二）适切性原则

探究式教学在教学中的应用，关键要有好的题材，并不是所有的概念、定理都适用。所谓好题材是指有探究点、具有开放性的题材。当然，从教材编写的意图来看，概念教学还是希望在教师的引导下，让学生自主探究习得，从而让学生进一步掌握概念，更能理解概念的本质，与此同时，探究能力也不断得到提升。

（三）情境性原则

教师为激发学生的研究热情，经常把教学问题置身于情境中，对教材内容也应十分注重情境引入。情境有三重性，可以是生活化的，可以是学科自身的，也可以是与其他学科相连的。好的情境关键在于能否引发学生主动发现问题、思考问题，进而解决问题的兴趣。在引入每个概念时，都注重了问题情境的创设。当然，在教学中也可以尊重教材，利用好教材的问题情境来开展问题探究；亦可以结合要研究的概念，重新创设新的问题情境。总之，不同的问题情境，其所要达成的功效是一致的，即既能调动学生学习的积极性，又能与所要研究的主题紧密相连，通过层层探究，直接指向问题的核心。

（四）引导性原则

针对教师在探究教学中，设计好的导引问题非常重要，否则会使学生探究受阻，或者就是走形式。同时，探究如果缺失了教师的有效引导，那就等同于放任自流。在学生探究遇阻时，教师要及时地点拨、引导，导引性问题是需要教师精心设计的，它应该是基于一个好的问题情境下的系列问题，能引导学生一个问题接着一个问题去探索研究，直指问题的核心。问题不在于多，关键要能把问题有效连接起来，为学生精准研究开好探究引渠，以便引来思维活泉。

（五）坡度性原则

同一个探究性问题，由于学生能力的不同，可能实施探究的境况不同，因此，针对不同的学生，设计的导引性问题的难度、开放度也应不同。问题要贴近学生的最近发展区探究坡度的大小设计，应该基于研究问题的难度以及学生的认知水平，合适的跨度就是让问题能指向思维的"最近发展区"，使学生能"跳一跳"够得着。跨度太大，往往会使探究受阻；而跨度太小，则不能激发学生的探究兴趣。

五、探究式教学的具体模式

（一）问题探究教学模式

1.问题的分类标准

（1）涉及范围大小和难易程度的标准

第一，如果依据问题涉及的具体范围进行划分，可以将问题划分为小问题、中问题、大问题三种类型。第二，如果根据问题的简单或者困难程度划分，可以将问题划为简单的问题和困难的问题。第三，按照问题的复杂程度进行划分，可以将问题划分为深层次的问题和浅层次的问题。第四，依据问题涉及事物的本质内容程度进行划分，可以将问题划分为本质性的问题和非本质性的问题。第五，依据人们对问题的认识程度进行的划分，可以将问题划分为虚拟性的问题、虚假性的问题、真实性的问题。

（2）来源、性质和认知程度的标准

第一，以人类的活动性质为划分依据，可以将问题分为生活问题、学习和教育问题等。第二，存在于生活、学习、工作和科研领域中的问题，以人的预见性和目的性为划分依据，可以将问题分为灾难性问题以及必须解决的不期而遇的问题等。

2. 问题探究教学模式的特点

教学的良好开端，就始于问题。从问题的角度出发，对学生的思维能力进行培养，相应的教师的角色也会发生改变，在教学中，除了要扮演知识的传授者、讲解者以及促进者的角色，还要对问题进行精心设计。学生思维活动不断发展的重要动力，就是教师提出问题，这是一种外部动因，问题对学生的思维所能起到的作用，主要具有以下四个方面的特点：

（1）始动性。这一特点是指问题对学生的思维具有启发的作用，是推动学生思维发展的外部推动力。

（2）强化性。这一特点是指教师提出的问题，在目标方面愈高，在难度方面愈高时，对学生思维强度提出的要求就愈高。教师利用问题来对学生的追忆、联想、分析、综合、归纳、演绎、类比、概括进行引导，并让其进行创造性思维，从而获得新知。

（3）方向性和指导性。这一特点是指教师面向学生提出的问题，就已经对学生的思维发展方向和具体任务做了规定。学生按照教师给出的既定方向进行思考，即将学生带入问题的具体情境之中，集中他们的注意力于特定的事物、现象以及原理之上。

（4）调控与调整性。这一特点是指基于教师提出的问题具有的始动性、方向性以及指导性，可以做到对学生思维发展速度展开控制与调整，即以教学目标为依据，一方面围绕着问题的难易程度进行调整，另一方面针对问题的强化性进行改变，这样做可以影响学生思维发展的进程，使其发生延缓或者是加速。

3. 问题探究教学模式实施策略

首先，搭建民主平台，并使学生树立起主体意识。其次，从多角度出发，对学生的问题意识进行培养。再次，对备课模式进行改变，围绕着问题这一核心和主线展开。最后，要重视教学组织形式的重组，为学生创造出一个更大的探究空间。

4. 问题的作用

（1）实现探究式教学

问题引发思维，探究从问题开始，没有问题就无从探究。如果在教学的开展过程中合理设置问题，那么学生的思维就会轻松地被打开，使他们思潮翻涌、欲罢不能，或积极分析问题、寻找解决问题的办法，或主动收集信息、处理信息，或求助于人、合作交流等，使学生深入思考，主动探究，积极发言，最终掌握知识，发展能力，形成一定的思想观点和个性品质。这种教师把学习内容以问题的形式呈现出来，给学生提供积极思考、主动探究的学习方式，代替了以往死记硬背、机械训练、被动接受的"灌输式"学习方式，改变了过去只重视知识传授的状况，学生学习态度不够积极的局面也得到了改善。探究式教学能够帮助学生更好地获得基础知识和基本的技能，从而让学生在掌握知识的基础上，形成正确的学习观念。只有问题才可能使"以教师为中心"的教学转变为"以学生为中心"的教学。

（2）引发学生积极思维

思维是人脑对客观事物概括、间接的反应，是高级的理性认识过程，是人们智力的核心。国外有句名言：一个坏的教师向人奉送真理，一个好的教师教人发现真理。这句话从某种意义上讲，就是要求教师在教学中要尤其注意培养学生的思维能力，开发他们的智慧。在课堂上，一个设计巧妙的问题一经提出，学生就会开启思维的大门，围绕问题确定的思维方向付出持续的心理努力，收集信息、实验演示、分析、综合、比较、演绎、归纳、类比、概括，直接进入思维的操作，不解决问题，就会快快不乐。这种问题对思维的催动、引发作用，在心理学中有着令人信服的解释。

（3）集中学生学习的注意力

问题的提出能够将学生的注意力维持在一个较高的水平，保证了教学活动的顺利进行。当然，教师提出的问题，并不是都能使学生的学习注意力集中的，因此，教师要对问题的内容，进行精心的设计，为促进学生注意力的进一步集中，为使学生的学习效果得到进一步增强，要最大限度地使问题的内容具备新奇性和思维挑战性两种特性。

（二）自主探究教学模式

自主探究教学模式，就是培养学生的自主学习能力，让学生更加自觉地学习，一方面使学生进行独立思考，另一方面使学生主动建构知识的教学模式。

1. 自主探究教学模式的基本特征

第一，在自主探究教学中，在重视学生的参与性的同时，还要重视适度合作探究具有的辅助作用。第二，在教学过程中，教师是最重要的主体，在学习部分，学生是最重要的主体。在探究式教学中，由教师和学生共同构成了师生关系的主体，并且这种关系是带有主体性和民主性的。第三，在探究式教学中，一方面强调问题设计具有的合理性，注重教学具有的有效性；另一方面重视教学具有的多维互动性的，同时注重教学方式具有的多样性。第四，在探究式教学中，首先，不仅重视教学过程的研发性，还要重视教学过程的开放性；其次，要充分发挥学生在教学过程中的主体意识；再次，既要重视学生创造力的开发，又要重视学生创新意识的发展；最后，还要重视教师所具有的引导、启发作用，同时还要自觉主动地推动探究和发现。

2. 自主探究教学模式中的问题

第一，自主探究教学流于形式，探究中的任务由于没有教师的适当指导而无法完成。第二，在探究式教学的课后探究方面，若是教师的指导不足，将会导致课后延伸草草收场。第三，在教学时间安排方面，若是教师的安排不足，将会导致自主探究只是走个过程，无法实际运用。第四，在自主探究教学中，教师承揽探究，而忽视了学生主体作用，学生不仅不能提出问题，也不具备猜想的能力。学生在探究过程中，只负责验证探究，既不能体验到成功的乐趣，也不能体验到探究具有的必要性。第五，在自主探究教学中，教师要重视教材的选择和信息的收集，若是选择的教材不恰当，那么会导致探究意义的缺乏。若是在信息收集过程中，教师没有布置恰当，将会导致学生无法实现资料的顺利收集。

3. 自主探究教学模式问题的对策

第一，教师在开展自主探究教学的过程中，要充分相信学生的作用，从而促进学生积极参与到教学活动中，同时，还能使学生的主观能动作用得到最大限度的发挥，学生在自主探究学习方面具有的积极性和主动性也将得到最大限度的调动。第二，在自主探究教学中，教师要以教学需要为依据，并与学生的实际情况相结合，适时展开引导。同时，教师还要关注探究内容，重视其所具有的适度性、可操作性和趣味性。第三，自主探究教学中，教师要主动成为学生的一员，也就是及时介入学生的探究活动，同时，教师要重视课后的探究，并适当地对学生进行必要的指导。第四，在自主探究教学中，教师要在课前下发"导学学案"，其目的是使学生围绕着教学内容进行预习，并寻找到相关资料。第五，在自主探究的教学过程中，教师要更新自己的教学观念，让学生能够自由支配自己的时间，提升学生的学习自主性。

（三）合作探究教学模式

合作探究教学模式是指在教师提出问题后，对学生进行分组，每组可以是4—6人，分组根据学生的性格特征和学习程度的不同混编组成，可以形成性格等互补，这样为学生创造一个积极互助的情境，以组的胜出为评价依据，让学生在这个情境中，为同一个目标分工合作，互帮互助，最终目的就是促进个人发展。

1. 合作探究教学模式的主要要素

第一，责任意识。这一要素是指小组中的任一成员都要尽可能地做到自己的工作，履行自己的职责。第二，学生要对自己和学习负责。这一要素是指在合作探究教学中，学生还要对小组内的其他成员的学习负责，而且要以积极的心态来与他们共同完成探究过程。第三，学生的社交技能水平。这一要素除了是合作探究的前提，还是合作探究的结果。第四，小组成员的组编。以混合编组为原则，使一个小组的成员既能各具特色，又能实现相互之间的取长补短。第五，小组自评或团体反思。这一要素是指在合作探究教学的尾声，要能保证小组不断发展和进步。

2. 合作探究教学模式中的问题

第一，由于问题的设置缺乏难度，而导致合作探究的展开流于形式，从而导致了合作探究意义的缺失。第二，在合作探究的实施过程中，过于重视探究的过程，而没有重视总结；过于重视优等生的表现，而对后进生忽略。

3. 合作探究教学模式问题的对策

第一，在合作探究教学中，教师提出的问题不仅要对学生具有一定的启发性，还要紧扣课堂教学内容，尤其是教学内容中的重点、难点。第二，在合作探究教学中，教师要对自己提出的问题进行研究，从而保证能够最大限度地激发学生的学习兴趣，教师还要积极引导学生解决问题的思路，从而保证学生探讨问题的有效性。第三，在合作探究的教学评价中，教师要以学生的不同发展水平为依据，提出与之相适应的要求，教师还要关注每一位学生，不能忽视后进生。第四，在合作探究教学中，教师要重视以学生为中心的心理辅导，平等对待每一位学生，要让学生树立信心。在具体教学中强调整体的进步，创造出一个优等生帮扶后进生，共同进步成长的良好氛围。

（四）情境探究教学模式

所谓情境，具体地讲，"情"是指人的主观心理，"境"是指客观环境是一种场景、一种氛围、一种形势、一种局面。综合地讲，"情境"是一种以形象为主体的，具有很强感情色彩的，能引起人们一定的情感、态度体验的场景和氛围。情境探究教学是指在教学过程中，教师创造出一个带有情绪色彩、形象生动的场景，通过一定的情感体验，让学生能够更好地了解教学的内容，让学生的心理能力得到更好的发展。

1. 情境探究教学模式的原则

第一，轻松愉快的原则，要求教师要创造出一个轻松愉快的情境，并在这一情境中对学生解决问题的过程进行引导，使学生展开自己的思维和想象，并在其中寻找到正确的答案。第二，自主性原则，除了强调良好的师生关系，还注重学生在教学中的主体地位。第三，意识统一和智力统一原则，一方面要求教学要充分考虑怎样使学生集中思维，使学生的刻苦钻研的精神得到培养，另一方面要以学生为中心，考虑怎样充分发挥出学生以兴趣、愿望为代表的智力活动所具有的促进作用。

2. 情境探究教学模式中的问题

第一，情境探究教学对教师具备的素质提出了更高的要求，这是因为这一教学模式强调的是人为创设情境，因此，教师不仅要具备一定的语言表达能力，而且还要能弹会唱。第二，情境探究教学实践中，强调情境功效，若是没有足够重视课程的特点，包括整体性、意会性以及模糊性等，将会造成情境中出现人工雕琢的痕迹。第三，情境探究教学实践中易产生"花盆效应"。这是指学生的学习能力若是处于人为创设的"典型性场景"，将会发展得比较顺利，一旦脱离这种情境，将会导致学生的学习能力回落。

3. 情境探究教学问题的对策

首先，教师必须对教材了如指掌，对学生具备的心理特点、智能水平有一定的了解。教师要依据学生心理世界具有的特点，采用适当的教学手段和方法。在创造教学情境时，要充分结合教材内容。其次，教师在情境教学法的实践中，要以各学科所具备的特点为出发点，结合自身教学特点实现情境的创设。为实现这一目标，教师要不断提高自身素质。

第二节　参与式教学模式

一、参与式教学模式的含义

参与式教学是指需要通过教师的教学能力和教学思维，提升学生学习的积极性，让学生投入课堂的教学活动中，在自由、民主的氛围中，师生共同推动教学发展，完成教学任务的教学模式。与传统教学相比，参与式教学真正以学生为中心，创造以学生为主体的教学氛围。学生主动参与教学能够充分发挥主观能动性，活跃课堂气氛，满足学生的表演欲和发展欲。通过参与式教学，学生能够与教师共同设计教学，对教学内容提出建议，对教学进程进行适当的干预和调控，对教学结果进行评价等。

二、参与式教学模式的特点

（一）全体性

参与式教学要求全体师生都参与进来。每一位学生都是参与式教学的主体，都应该积极参与课堂教学。每一位学生都具有平等的参与机会，能积极发表自己的想法。同时，教师的参与并不单纯是授课教师的参与，还应与其他教师进行交流，综合其他教师的想法。

（二）全面性

参与的全面性是指课堂教学中需要所有学生都参与进来，并且学生需要参与所有的教学环节，需要学生在思维、情感、动作上的全面参与。

教师要为学生提供模仿思维的范例，创造尝试思维的机会，发散学生的思维，促进学生思维的参与，选择思维的条件，创造思维的情境。学生思维参与是让学生主动参与教学活动的核心。教师还要给予学生各种感官投入的时间和空间，让学生在亲身实践中发展自己。

（三）连续性

连续性，原则是指根据学生的身心发展规律和参与行为，在组织学生参与教学活动的过程中，要注意循序渐进。学生的认知过程不是一次完成的，而是从片面到全面、从浅层到深层，在时间的不断积累中得到充分地深化。所以，教师要从实际情况出发，合理地安排教学活动，既要考虑学生学习的内部因素，如个性品质、学习态度、学习方法、学习能力等，还要考虑学生学习的外部因素，如学习地点、学习时间、学习环境等。同时，教师要从整体把握教学内容，进行逐篇分析。

（四）层次性

层次性原则就是根据学生的不同水平培养学生，组织学生积极参与课堂的教学活动，使其在原来的基础上得到个人的充分发展。教师在设计教学活动时，应该注意对不同层次的学生设定不同内容的要求。教师应该采取层次教学、个别教学等方法，为不同层次的学生设置不同程度的教学内容，做到因材施教，促进不同水平学生的协调发展。在教学过程中，教师需要指导不同水平的学生，并让他们把握适当的参与机会，尤其是对学习有困难的同学，更要注意关心。另外，教师还应广泛、及时地了解课堂信息，有针对性地为学生提供参与机会。

（五）开放性

参与式教学具有开放性特点，主要是强调教学方法、教学内容以及教学评价的开放性。教学要想真正地得到效果，就必须有一定的教学方法，但是这种方法是不需要有固定模式的。教师要做到"因人而异、因材施教"，即使面对同一个学生，不同的教师也可能采用不同的教学方法。学生也应该根据自己的学习习惯，选择恰当的学习方法。

在教学开始前，师生共同参与教学设计。在这一阶段，学生能够根据自己的实际情况选择恰当的学习方法。在教学过程中，师生应该密切配合，进行互动交流。在结束教学后，学生在课后学习中要完成教师布置的作业，学生可以在完成作业后学习一些自己感兴趣的知识。

就参与式教学而言，教师虽然可依据教材内容进行教学，却不能够囿于教材。学生在参与的过程中，将自己的学习经验和教师传授的相关知识结合在一起，成为新的知识资源。参与式教学符合现代教学方式，并且参与式教学课程中采用的是现代教学设备，大多数教师都可以利用多媒体进行教学，学生也可以通过多媒体进行学习，进行及时反馈。在参与式教学中，学生、教师以及社会都是评价的主体，并且评价是非常公平的、客观的。

（六）合作性

在参与式教学中合作性是非常重要的，这里强调的是教师和学生之间配合的默契程度，并且在参与式教学中师生之间也是合作伙伴的关系。参与式教学是师生之间平等、互动合作的过程。在合作过程中，需要师生共同发现问题、分析问题和解决问题，共同发展。

（七）生成性

生成性是一种动态的生成。参与式教学具有生成性特点，这主要是强调学生能够自主学习知识，并且在这一过程中能够构建属于自己的知识框架。学生在参与式教学中，主动参与教学活动，将所学知识内化成自己的知识。

（八）宽容性

参与式教学具有宽容性特点，这主要是为了强调学生和教师之间要有一颗宽容心。在参与式教学中，学生会发表一些属于自己的个人意见，并且学生之间也会发表不同的观点，如果学生发表的观点是不正确的，还需要教师给予一定的包容。

三、参与式教学模式的价值

（一）革新传统教学思想

1. 促进维持型学习状态改变

参与式教学注重学生的主体地位，要求在教学过程中充分发挥学生的积极性、主动性和创造性，让学生主动地学习，主动地发展，这是教育观念上的一次根本性的转变。这个思想观念的转变，将带来教育的三个变化。其一，由受教育者变为学习者。学习活动中，受教育者是主体，受教育者变为学习者，学习者则是主体，学生由被动地位变为主动地位。其二，由学科为中心变为学习者为中心。现在也是通过学科来教育，但是学科的教学是为了满足学习者的需要。因此，教育的设计出发点应放在学习者的需要水平等方面。其三，由只注意对已有知识的学习变为鼓励学生探求未知和未来的问题。

2. 促进撞击式思维改变

人类自身存在着一定的惰性，人类遇到问题的时候，才会去想办法解决问题，人们把这种思维方式叫作撞击式思维方式，这是罗马俱乐部在一份题为《学无止境，回答未来的挑战》的报告中提到的。当人口膨胀，环境污染，资源枯竭，生活贫困的时候，人们才想如何解决这些困扰自身的问题。这是束缚人类前进的一种思维方式。

参与学习，强调学生主动地思考问题、解决问题，并且以预期式的思维方式超前思考问题、分析问题，做出合理的决策，这是对撞击式思维方式的挑战。如果我们只是在干旱的时候才去挖水渠，洪水到来的时候才想到应增加堤高，那么人类永远走不出自身的困扰。学生学习何尝不是这样，如果把自己真正看作学习的主体，主动地参与学习活动，主动地去思考问题，就会成为知识的主人，既能够科学地接受科学文化知识，还能够有所发现、有所创造。教育价值才能够由传承型向创新型转化，人才会由守成型向开拓型转化。

（二）探索新型课堂教学

参与式教学以学生为中心，教学设计围绕学生进行，注重调动学生参与教学活动的积极性，并将其贯穿在教学的全过程，而不是某一个环节，因此，参与式教学结构具有灵活性。

学生参与的四个过程（寻求参与、尝试参与、探究参与、创造参与）与教师指导过程（启发诱导、激情授法、鼓励点拨、拓展升华）虽然形成四组对应关系，表现了一定的层次和发展趋向，但在教学活动的发展中，师生的相互作用还可能产生新的教学特质。这样在教学中教师就可以打破原有的教学结构，经过临时调整，再构建新的教学结构。这种似乎没有结构的结构，实际是教师面对一盘激活的"棋子"，运筹帷幄，根据教学情况进行的调整与重组，但这种重组结构始终是以原有的基本框架为结构，万变不离其宗。

（三）推动学生自主发展

主动参与课堂教学模式的核心是主动参与、主动发展。情感参与、思维参与、动作参与，这三个参与既是参与的策略，也是学生参与活动的途径。教学中通过这些直接学习活动的参与使学生得到发展。

学生的学习过程，不仅是一个认知的过程，也是一个探究的过程。学习过程的认知探究，不仅包括探索未知事物，还包括运用大脑去获取知识，并运用知识分析和解决问题。无论哪种情况，都需要学生的主动参与，否则就无法进行任何形式的学习。从这个意义上讲，学生积极参与教学活动，创造了学生主动获取知识和创造性运用知识的条件。参与式教学比被动式教学更能调动学生的学习积极性，学生所掌握的知识更加牢固，更能促进学生发展。

参与在实质上就是"劳动"，这个"劳动"既是以学习为特点的思维活动，也是以学习为目的的实践活动。前者是人的内部活动，后者是人的外部活动。这都属于学生参与活动的范畴。在课堂教学中，教师设计各种类型的教学活动，引导学生积极参与，动手动脑，让学生内部和外部感官有机结合，学生既获取了知识，还在参与过程中提高了实践能力。但应指出的是学生参与学习应遵循参与的连续性原则。这是因为学生的认识过程不是一次完成的，学生参与教学的行为是逐渐形成的。知识的获取、能力的形成，可能要经过多次重复和不断深化的过程。就参与的主动性而言，起始阶段可以是无意识的，随着习惯的养成逐渐成为有意识的主动参与量。就参与的量而言，低年级可以少些，随着年级的升高，逐步加大参与量。

四、参与式教学模式的方法

（一）提问法

1. 基本要求

第一，教师要观察学生学习的情况，看看他们在学习中是否充满了强烈的学习热情。

第二，教师要定期检查学生的学习情况，了解他们能否紧跟学习进度。

第三，当学生遇到问题时，要进行引导，培养学生独立思考的能力。

第四，教师要注重提问的作用。提问在教学中不仅具有承先启后的作用，还能够帮助学生进行后续的学习。

2. 注意事项

在教学过程中，恰当的提问会起到明显的效果，提高教学质量。但如果使用不当，就会使学生认为是在盘问，不利于师生之间民主、平等交流。为了避免发生这种情况，教师应该注意以下三点：不能提出故意刁难的问题、不能提出与学习内容无关的问题、不能提出超出学生能力范围的问题。

为了保证提问的效果，教师应该提出高质量的问题，同时提高学生回答问题的质量。高质量的问题包括以下三种：

（1）开放式问题：这种问题通常以特殊疑问词 wh- 开头，如 what、when、where、why、who 等。

（2）追问式问题：层层递进、循循善诱式的提问。

（3）确认理解问题：教师确认学生明确提问；学生确认自己的回答；教师确认了解学生的回答。低质量、不恰当的问题包括：封闭式问题，如只用"yes"或"no"来回答；带有明显暗示的引导式问题；难度过高的问题；难度过低的问题；多重式问题，学生只能回答其中某部分的问题。

（二）头脑风暴法

1938 年，美国学者奥斯本（Osbome）首次提出了一种参与式教学模式——"头脑风暴法"，这种方法是一种创造能力的集体训练法。头脑风暴最早出现在精神病理学中，是指患者患有精神错乱。而头脑风暴法是指思维高度活跃，能够激发创新观念，产生无限的自由联想。

头脑风暴法的特点是能够让参与者自由快速地说出自己的想法。"头脑风暴"教学方法的参与面是非常广的，看似人人都在积极发表自己的观点，有一个热闹的学习氛围，但是组织有效的"头脑风暴"教学方法是非常不容易的。在组织"头脑风暴"教学模式时需要遵循以下基本环节和基本原则：

1. 基本环节

明确议题：教师可以将议题展示在黑板上，让学生明确议题。

资料准备：收集一些相关学习资料供学习者参考，这也是为了提高头脑风暴的效率。

确定人选：在人数上 8—10 人为最佳，如果人数过少不利于激发学习者的发散思维，而人数过多的话，则学习者无法有效地掌握学习内容。

明确分工：确定一位主持人，主持人要把握进程，在讨论的过程中启发引导还要确定一位记录员，记录学生提出的设想。

规定纪律：根据下述的基本原则制定纪律，主持人组织纪律。

掌握时间：在讨论问题时需要规定讨论时间，一般为几十分钟，需要主持人掌控时间。

2. 基本原则

自由畅谈：学习者可以从不同角度对讨论问题进行大胆想象，能够提出富有创意的想法。

延迟评判：在讨论现场，参与者不能否定他人的设想。所有的判断和评价都需要在讨论结束后进行。

禁止批评：参加头脑风暴讨论的人不可以对别人提出的设想进行批评，这是头脑风暴法必须遵循的一个重要原则。

追求数量：头脑风暴会议的首要任务就是追求数量。在讨论中，每个人都应该积极参与，提出尽可能多的设想。

（三）小组讨论法

1. 具体含义

小组讨论在参与式教学中能够起很多作用。小组讨论法一般是组内讨论，以4—6人为一组，教师将全班学生分成若干小组，就1—2个问题展开讨论。应该让小组成员的距离近一些，最好面对面讨论。小组成员的身体距离近，进行目光交流，能够提高讨论质量，还能够提升人际关系。

2. 具体步骤

（1）教师采用小组活动的形式，将全班学生分成4—6人的小组。教师可以根据教学活动目标，采取自愿组合、经验混合、能力混合、个性混合、性别混合等方式进行分组。

（2）确定分组后，应该对小组内的每位成员进行角色分工，让每位成员都承担一定的任务。例如，组织员负责组织讨论，计时员负责控制发言时间，记录员记录每位学生的观点以及小组讨论的结果，汇报员汇报小组讨论的结果等。小组成员应该明确活动目标，为了实现目标而积极讨论。

（3）教师是全班小组讨论活动的组织者。在开展讨论前，教师应该明确讨论的内容，向学生提出清晰的讨论要求。在进行讨论时，教师应该为各组提供一定的讨论资料，组织学生开展讨论活动，在班内巡视，掌握各小组的讨论情况，提供恰当的帮助和引导。

（4）汇报讨论结果。各组的汇报员向全班汇报讨论结果，解释本组的结论。各小组轮流展示，交流经验。

（5）点评讨论结果。教师和学生点评各组的讨论结果。最后教师总结各组的讨论结果，并给予成员恰当的评价。

（6）小组讨论中应该避免发言上的重复，尤其是注意低水平的发言，注意各成员之间讨论的内容有没有逻辑关联。

小组讨论法以学生为中心，以教学活动为主线，将知识和理念融入参与式教学中，注重学生的主动参与，发挥学生的积极性。

（四）角色扮演法

1. 具体含义

角色扮演法是指根据教学要求和自己的理解，通过身体动作扮演某个角色，将该角色的个性特征和行为方式表现出来。角色扮演在英语教学中的作用是让学生从多种角度体验比较真实的语言情境。角色扮演法使学生将在英语学习中所获得的知识和技能运用到情境中。学生通过参与真实的练习，能够进一步巩固新知识，提高解决问题的能力。

2. 具体步骤

（1）教师创设情境，明确角色扮演的要求。

（2）学生分组，明确扮演的角色，并进行排练。

（3）教师对排练进行指导。

（4）小组展示，其他学生观察并做记录。

（5）教师与其他学生评价表现，对其中的问题进行讨论。

（6）教师总结，将角色扮演中的情境与现实相结合，师生共同讨论解决问题的一般方法。

角色扮演法的优点：学生能够亲身体验，能够更加牢固地掌握所学知识，做到活学活用。

角色扮演法的缺点：首先，对一些学生来说，角色扮演可能是一个挑战；其次，角色扮演需要耗费较长的时间，学生需要耗费大量时间预先准备。

五、学生主动参与的教学方法

（一）学生主动参与的形式

1. 独立型活动方式

（1）强化学生学习活动的意识

学生是教育活动开展的主体，学习是学生身心达到全面发展的客观要求。教学过程就是师生互动和交流的动态过程，教师要重视课堂教学中学生主体地位的实现，唤醒学生的主体意识，调动学生的主观能动性，让学生自主学习。教师要将学生视为学习的主人，并通过启发、引导、点拨、解惑等方式，引导学生积极参与教学。

（2）探索学生自主学习的课堂教学结构

由于课堂教学活动的主体是学生，因此教师应该给予学生足够的思考时间，为学生创造教学活动的空间，为学生提供更多的参与机会，让每一位学生都亲身尝试，进行自主学习，体验成功的乐趣。

2. 交往型活动方式

（1）同桌交往

同桌是交往学习中最小的交往单位，同桌交往学习比较容易控制，交往效率也较高。主要方式包括以下几种：

①互议：在教师的引导下，学生就讨论的问题提出自己的观点，与同桌交换意见，得出结论。

②互测：在课堂导入阶段，同桌之间互相提问，对上节课所学知识进行温习，包括知识点的记忆、基本方法和技巧的掌握等。

③互读：在教学过程中，遇到精彩片段或难度较大的句子时，同桌之间可以采取对话的方式，分角色朗读，加深对内容的理解，体会内容的美感，提高学生的口语表达能力。

④互评：教师帮助学生掌握科学的评价方法及标准，制定量化的评价方案，指导学生客观、公正地对同学的学习态度、学习方法和学习效果等进行评价，提高判断力和鉴别力。

⑤互纠：在教师的指导下，同桌互批作业，纠正作业中的错误，或在小测验后，组织学生交换批改，互相纠错。

（2）小组交往

小组学习是指在统一的活动时间内，以学生的兴趣小组为单位进行活动，是交往型活动方式中最活跃、最重要的组织形式，这种形式为每个学生提供了"知无不言、言无不尽"的宽松氛围，使每个学生都有表现的机会，学生更容易体会到成功的喜悦。其主要方式有以下两种：

①讨论：在课堂教学中，当教学重点、难点等难以突破时，当学生在理解上有困难时，当学生意见不统一时，当教学内容需要深一步挖掘时，教师应该组织学生进行小组讨论，解决上述问题。

②实验：不管是自然学科还是社会学科，教材都为学生提供了许多实验操作素材，而且在教学过程中不能用教师的讲授来代替，应该通过小组成员的积极参与，共同完成实验操作。在实验过程中，学生亲身实践，能够加深对知识的理解，培养团结协作的精神。

（二）学生主动参与的特征

1.创意设计活动过程

创意设计活动过程是学生主动参与课堂教学的重要特征。学生在明确教学内容和教学任务后，开始设计活动过程。学生主动参与能够充分发散思维，提出新颖的思路、设计多样的形式，体现出学生的创造性。

（1）活动过程的设计体现多样性

在主动参与学习活动的过程中，学生的主动性、积极性得到了极大的发挥，其思维活跃、思路开阔，每个学生往往都能设计出多种多样的学习活动过程，其中每一种学习活动过程都可以单独完成活动任务，达到学习活动的目的。每一个学生都是认知主体，他们存在一定的认知差异，因此设计的活动过程也会呈现出多样性，生动活泼，不拘一格。

（2）活动过程的设计体现灵活性

课堂教学是否能顺利地进行，其实会受到多种因素的影响，诸如学生的学习态度、学习方式、认知水平、课堂活动开展的方案等。当学生在活动过程中遇到困难时，他们能够随机应变，灵活采取更合理的活动设计方案，让活动顺利进行。

（3）活动过程的设计体现新颖性

要把一个苹果切开，人们往往习惯将苹果竖着切成一块一块的。这就是思维定式的表现，当你挣脱定式思维的束缚，把苹果横着切一刀时，你会发现切出了一个非常漂亮的"五角星"。活动过程设计也具备一定的新颖性，也表现在能够打破传统思维的束缚，生成全新的创意，取得了出人意料的开展成效。

2. 灵活选择活动方法

活动方法的选择和应用，要受到活动目标、教材内容特点、学生实际特点、活动环境等因素的制约。对活动方法产生直接影响的是教学内容和活动目的，以及学生的身心发展规律等。因此，活动方法不是固定不变的。学习活动的实践和发展过程，是活动方法不断创新、不断丰富的多样化过程。每种活动方法都有其独特的功能和优势，适用于不同的活动内容和活动情境。学生是能动的个体，在主动参与学习活动的过程中，为了优化学习活动，他们会根据具体情况灵活机动地选择活动方法。

（1）依据活动目标选择活动方法

一般情况下活动目标包括认知、情感和动作技能这三个领域，每个领域又分为若干层次。不同领域、不同层次的活动目标必须借助于相应的活动方法和技术。例如，如果以学生掌握动作技能为主要活动目标，可以选择以实际操作训练为主的活动方法；如果活动目标强调知识的接受，则可相应注意选取以语言传递信息为主的活动方法。

（2）依据教材内容的特点选择活动方法

由于不同的学科教材内容不同，各学科学习活动的内容也就不同，所要求的活动方法当然也存在明显的差异。社会学科（如社会）、自然学科（如自然）、工具性学科（如数学、语文、外语）等，在知识要求、能力培养、技能训练等方面对任务与目标的要求都是不尽相同的。同一学科的不同阶段、不同课时的教学方法也是不一样的，体现了活动方法的灵活性和多样性。

（3）依据学生实际特点选择活动方法

依据学生实际特点选择活动方法主要指依据学生现有的知识水平、智力发展水平、动机状态、心理特征等选择活动方法。学生主动参与学习活动时，其灵活性体现在能根据自身特点，有针对性地选择恰当的活动方法，不仅能够掌握知识和技能，还能够促进身心发展。

3. 主动控制活动进程

活动进程受学习方法、学习时间、学习心态、学习习惯等诸多因素的影响。在参与式教学中，学生会主动控制活动进程，具体体现在以下几方面：学习方法主动地选择、学习时间主动地把握、学习心态主动地调控、学习习惯主动地矫正。

（1）学习方法主动地选择

恰当的学习方法就像活动进程的驱动器。学习有法，学无定法。学生在参与教学活动的过程中，能够达到开展主体学习方法的目的，从而推动课堂活动能够顺利地进行。

（2）学习时间主动地把握

教学活动是一个完整的过程，需要经过一段时间才能够看到成效。由于活动目的不同、活动内容不同以及活动主体不同等，活动所需要的时间也不相同。为了保证活动顺利进行，应该灵活分配时间。如果搞平均主义，就会形成分配不合理，造成时间的浪费。"主动参与式"课堂教学中，学生在进行学习活动时，会合理地安排活动时间，有效地控制活动进程，以优化活动结果。

（3）学习心态主动地调控

不良的心理表现包括冷漠消极、沉默寡言，上课不积极发言，容易开"小差"等，严重地阻碍了活动进程，直接影响活动效果。良好的学习心态使学生在学习时如虎添翼、思维活跃，往往取得"事半功倍"的学习效果。学生主动参与学习活动时会对自己的情绪、态度有效地把握和调控，让自己的情感与活动内容有机地吻合协调，从而优化活动进程。

（4）学习习惯主动地矫正

心理学研究表明，学习动机是学生进行学习活动的内在动力。学习习惯是学习动机因素之一，直接影响活动进程。良好的学习习惯能够激发学生的学习兴趣，充分发挥学生的主体作用。

4. 自主评价活动效果

自主地评价活动效果是指学生在整个教学活动中主动地利用各种评价方式和方法，对活动的过程和结果进行评价，养成自我调控学习的意识和能力，达到完善自我的目的。在活动中，学生自主的评价活动效果主要体现在以下三个方面：

（1）评价的时机自主把握

常言道，机不可失，时不再来。学生能否自主地把握好时机，进行科学的评价，会直接关系到评价的全面性和客观性。在活动中，学生自主地把握评价时机、科学地评价活动效果，在不同的活动阶段得到了充分的表现。

①在活动中评价。在活动中评价也就是指学生边活动边评价。活动中学生从以下几个方面进行评价：学习者的知识水平处于何种阶段，学习者是用哪些方式方法学习的，学习者的学习任务、目标是什么，学习者要达到这些任务和目标还存在哪些制约因素等。此时，学生抓住时机，及时评价，从而对自我形成全面、充分的认识以确保学习活动沿着正确的方向顺利向前进行。

②在活动后评价。在活动结束时，学生把自己的活动成果用各种形式展示出来。此时，学生会通过各种评价方式进行综合评价，达到能充分展示各自的特长和爱好，及时总结本次活动经验的目的。

（2）评价的方式自主选择

教学活动有一定的层次性、系统性和科学性，在学习活动中学生也就掌握了一定的评价方法及方式。根据不同的活动内容，在不同的阶段，学生所选择的评价方式是各不相同的。由于评价主体不同，表现出来的评价方式可以分为自我评价和互评两种。自我评价是指学生自我评定，是在学生的自我认识、自我体验的基础上进行的。学生选择自我评价这一方式主要表现在以下方面：在观察、操作等探究活动中，说一说自己是怎样看、怎样想、怎样做的；在阅读教材时，说一说自己是怎样读、怎样理解的；在完成练习后，自己通过画一画、圈一圈等形式评定一下自己完成作业的质量、速度等方面的优、缺点等。

在活动中，学生通过自我评价能正确地认识自我、把握自我、提高自我。互评的内容包括评价学习者的学习态度、学习效率等，适用于作业的评比、练习的评讲、试卷评议、操作鉴定等。互评方式有个体对个体的交互评价、小组对个体的交互评价、小组对小组的交互评价、个体对小组的交互评价等。

（3）评价的结果自主定性

评价的结果自主定性是指在主动参与学习活动的过程中，学生通过对事物的特性描述和材料分析，能制定出定性的评价标准，并按制定的标准进行评价。在活动中，学生常用的定性评价有：等级法和评定法。

等级法是指将评价结果用数字或文字等级表示的方法。这里的数字等级主要起定性说明和区分的作用。在活动中，学生用等级法评定活动结果的形式是多样化的，如上、中、下三级制，甲、乙、丙、丁四级制，优秀、良好、中等、合格、不合格五级制。

评定法又称"评判法"或"评品法"，是以多种评定量表为工具，在综合各种评价资料的基础上，对活动结果进行价值定向式评分等的方法。评定法多用数值、字母、"满意"与"不满意"这类评语方式，按项记述评价的结果。

第三节 多模态教学模式

一、多模态教学模式的含义

随着科学技术的发展和教育改革的不断深化，越来越多的教师开始重视对教学方法的创新。模态指经触觉、听觉、视觉和其他感官系统以及人、机、物体和其他外部环境相互作用的方法。多模态是指利用两种或多种感官的协调产生作用。其中，视觉作为最基本也是应用最为广泛的一种感官，它能使人产生身临其境之感，从而增强人们对事物和事件的感知能力。从而更好地应用于教学模式，利用视觉、听觉等多种感官的感觉，利用文字、图像、音乐、视频的形式表现出来，以更生动、更形象的方式阐明语言的内涵，让学生均衡使用各种感官，共同参与语言学习，提高学生学习积极性，引起学生注意、强化记忆，实现促进教学。

二、多模态教学模式的特点

（一）重视多感官协同

多模态教学注重多感官的配合并用，通过多样化的教学方法，把部分静态和动态的学习资源，导入教学过程中，为学生提供全方位、立体化体验。学生充分地体验了内容就会对知识有更深刻地认识，对知识的整体印象才会更加深刻。

（二）多种教学方法并用

在实际的大学英语课堂中，如果教师单纯教授课本的理论，学生就会感到十分枯燥，学生也很难理解知识的具体应用环境。因此教师必须及时更新教学理念，将单一的课堂教学模式转变为多元的教学模式。而且多模态的教学模式提倡多种教学方法的协调使用，汇集了传统的叙述、论述、角色扮演等多种方法，不仅激发了学生的学习兴趣，同时让学生切身感受语境、语调、语气对语言含义的重要性。

（三）强调学生是主体

在以多模态教学模式为主导的教学环境中，学生是教学活动的主体，教师仅起引导作用。在这种模式下，教师不再像传统教学那样以"讲"为主，而是让教学成为学生自己动手操作和体验语言的过程，这样有利于培养学生的创新思维和实践能力。教师可按照自己实际的教学需要设计课件、自制道具等，还能担当导演和编剧的角色，但具体的工作必须让学生去做，教师工作的重点就是使用多方的展示手段，激发学生情感，引导学生自主学习，而不是让学生被动地接受知识，学生只有真正地融入学习之中，才能发自内心地热爱英语学习。

三、多模态教学的必要性

就语言系统而言，一个句子的内涵是由语言因素和非语言因素组合起来一起决定的。非语言因素是多方面的，比如，当时所处的环境、说话语调、面部表情、肢体语言等，我们不能仅就其中的某一方面进行简单的判断。严格说来，多模态的交流方式在日常生活中随处可见。多模态的表达方式有以下几个优点：可对单一模态无法充分表达的其余意义进行补充；能从整体中凸显某个部分的内涵；不仅能使基本含义得以表达，同时又更加鲜明、生动地展现了基本内容的具体内涵；能够更加明确的表达出自己的态度、情绪和其他人际关系；还可使信息更加丰富和完整。所以，将多模态教学模式应用于大学英语教学的过程当中是非常有必要的，结合不同的手段，充分激发学生学习热情，多模态教学模式在翻译教学、写作教学、阅读教学、口语教学、听力教学等活动中都取得了较好的教学效果，在整体上提升了学生的学习能力，为英语人才的培养提供了更多可能性。

四、多模态教学模式的内容

大学英语既是一门高校的基础性课程，又是一门能够扩大学生知识面的课程，使学生接触更为广阔的知识面。过去的英语教学只注重知识的灌输，教师工作起来的难度较高，学生在教学中无法获得乐趣。在这种情况下，运用多模态教学法就显得非常必要了。多模态教学模式强调人体多种感官的协同作用，让学生在多方面都有崭新的感受，不仅能够提升学生学习的积极性，而且使学生的学习效率也会得到提高。

（一）教学内容多模态展示

1. 文字（视觉）

在传统的英语教学中，文字是使用频率最高的形式，词汇是语句中最基础的构成单位，所以，学习词汇的拼写方式是非常重要的，还要理解词汇的具体含义和应用特性。而文字阐述是最常用也是最直接的方法，如果配合一些例句，演示起来就更清晰。

2. 图片（视觉）

在教师讲解部分词汇时，可选择和课堂内容有关的照片开展联想性记忆，让学生在文字和图片之间建立联系，这对记忆词汇大有裨益。

3. 音频（听觉）

在进行词汇教学的时候，教师可使用多媒体工具为学生播放与之有关的影片、音乐等资料，让学生理解该词适合使用的语言环境，为今后实际应用打下了良好的基础，一边学词汇，一边还能掌握有关新闻和热点时事。

4. 音乐（听觉）

我们之所以在音频中分出了音乐这一种类，就是因为音乐的节奏、韵律、旋律等很容易给学生留下深刻印象，和乏味的音频相比，更容易记忆。这样的做法不但能减轻压力，也使学生心情舒畅，领略英语的别样魅力，较好地培养了学生对英语的学习兴趣，激发了学生探究英语的欲望。

5. 视频（视觉 + 听觉）

视频的形式能够充分激发学生视觉和听觉，画面的刺激能使记忆形象化，印象更加深刻，引发学生的深层情感，并能在多个方面激发学生的学习兴趣。可以说，好的视频材料对英语教学有很大帮助。

（二）教学方法多模态融合

1. 多媒体技术辅助

多媒体技术为多模态教学提供了一种辅助性的思路，在多媒体技术的帮助下，多模态教学可以实现资源的数字化，既能够达到无界限共享的效果，也能弥补传统教学中的不足之处，集视频、音频、图片、文字于一体，为学生带来更加直观、更加震撼人心的听觉和视觉感受，多媒体课件在大学英语教学中的使用已经屡见不鲜。

2.PPT 演示法

PPT 包含了视觉模态的多个要素，有图表、图文混合、文字、图像四大类，并能把学生难以理解的知识制作成动态的画面，能够使教学内容呈现出较为直观、生动的形象，并且不会受到时间和空间的限制，也能够达到互动的效果。同时，还能通过图片来展现一些抽象知识和概念，让教学变得生动起来，有利于培养学生自主学习能力。PPT 中还可以添加音乐，建构不一样的听觉模态，更生动、更有趣，能非常有效地引起学生注意。

3. 合理选择不同模态

在大学英语教学开展的过程中，教师应从具体的教学内容出发，使用不同的模态对内容进行讲解，只有做到手段的多元化，才能够更加有利于学生的接受和理解。教师可以通过多种方式激发学生学习英语的兴趣和积极性，使之更好地掌握所学内容，提高学习效果。例如：利用现在现有的情境或创设一些新颖的情境，加深学生的印象；根据具体教学内容的要求，配置场景中需要的道具；采用多媒体的教学方式提升教学的效果。通过表情、语气、语调、音色的变换对内容进行突出；用音乐、录像设置特殊情境；借助游戏模拟教学情境；采用电影配音的方式，培养情境模拟能力；也可变换服饰，进行角色扮演，甚至还可以举办一些小话剧和舞台剧，达到寓教于乐的目的，学生在操练台词时，会受到语言环境的影响，通过灵活运用语境、语气、语调的作用，展示出课本不能表现出来的内容。

4. 充分利用网络资源

当前，已有不少网站总结出有关听、说、读、写、译和文化背景内容的英语学习资料，也有一些在线的网络学习小组，这是学生充实知识面的好途径。在教学过程中，教师要引导学生进行网络知识的积累，提升学生的学习能力。

5. 营造课堂外学习环境

听、说、读、写、译都是英语专业学生需要掌握的内容，除了在课堂上的教学，教师还要鼓励学生参加不同类型的英语学习活动，比如英语话剧社、原著阅读团等，这些社团可以很好地锻炼学生的语言运用能力。所以学校应重视对课外多模态的学习环境的构建。

（三）互动模式多模态

1. 人机互动

在多媒体技术蓬勃发展的今天，大学英语教学需要借助计算机的功能，因为计算机能够将教学信息通过多媒体的技术显示出来，它不仅使教师摆脱了灌输式讲解的传统模式，还把不同种类的生活场景引入课堂之中，而学生则可利用课余时间，随时从网络上查阅学习资料，或利用网络在线咨询教师。

2. 师生互动

借助信息化的教学手段，教师与学生的互动就从最初的课堂互动，发展为三种沟通方式，除了一开始的面对面沟通，还增加了网络媒介的在线实时交流和网络媒介的非实时交流。这些交流方式使课堂教学更加丰富多彩，同时又能提高教与学的效率。虽然面对面沟通的效果是最好的，不仅能够满足学生和教师交流情感的需求，还能够发展学生的兴趣，及时将学生的意见反馈到老师那里，但是面对面的沟通也存在一定局限性。传统课堂中，由于教学内容多是重复出现，学生很难根据教师讲解的重点或难点对知识点进行深入理解和掌握。在信息化背景下，学生可以利用非课堂时间，借助微信、QQ、邮件等方式与老师在线沟通，教师可以进行课堂话题的讨论，拓展课堂内容的深度，还可对学生进行在线辅导或考察。

3. 生生互动

不管是在课堂上的互动，还是在课堂外以网络为载体的交流，学生都能够获得巩固与增加知识的机会。通过生生间的有效交流和讨论，能够更好地提升课堂教学效率，也有利于培养出符合社会需要的高素质人才。可以这样说，学生间的互动就是一次又一次的头脑风暴，是一个动态化的创造性过程，不仅能够实现学生自主性的学习，也能够提升学生的专业能力水平。

多模态的大学英语教学模式强调不同感官共同作用于学生的知识建构过程，以达到学习知识的目的，并且在学习的过程中利用视频、音频、图片等多种手段，引发学生兴趣，在英语教学中达到语境化、情景化的目的，显著提高英语教学质量。可以这样认为：大学为社会培养了优秀的英语人才，多模态教学模式在其中发挥了重要的作用，此后也必然发展为大学英语教学的主流模式。

五、听说教学的多模态教学模式实施

转变教学模式，采用多模态化教学方法，能够明显提升学生学习语言的效率，如果课程信息资源对所有学生开放，教师与学生能够实现多元化的交流，突破时间和空间的限制性。网络英语教学模式对传统教学模式进行了发展和创新，在英语的听说课堂中，学生再也不用担心因为自己的学习程度或者接受能力较差，导致不能够很好地掌握课程内容。

（一）交互式教学模态

交互式教学模态注重让学生从多方面获取知识，增进教师与学生的关系、学生之间的互动作用等，为学生练习英语、参与交流实践提供了更多参与的机会。学生在练习中掌握英语的用法，从以教师讲授为主的传统教学方法转变为以学生为主的现代教学方法。交互式教学模态突出了学生的主体地位，教师可以使用交互式教学模态的功能，在课堂中更好地和学生进行交流，从而提升学生学习英语的积极性。这种教学模态使"教"和"学"融为一体，突出体现了以学生为主体的教育理念。这种教学模态也强调了教学作为多边性活动的重要性，从过去单向和双向的活动中脱离出来，倡导教师和学生多进行沟通，教师在沟通过程中需要起到主导作用，学生要发挥出相应的主体作用。教师应依据语言学的基本原则开展课堂教学，采用多模态化的教学手段，根据自己的教学实践经验，精心设计听说等教学活动，针对不同的内容主题，使用恰当的教学方法，为语言的学习营造一个氛围，让学生主动参与到听说活动中来。从语言的输出环节来看，语言输出能够让学生掌握更多的语言知识，帮助学生更好地理解知识，使学生置身于轻松愉快的语言环境之中，感受到运用英语进行交际的乐趣，进而提升英语听说能力。

在开展交互式教学的过程中，教师要使用多种类型的教学方式，让每一位学生都能充分地参与到课堂活动中，如主题演讲、课堂辩论、角色扮演、专题讨论等方式，从而达到活跃课堂气氛、增进沟通的目的，还能够提升学生的表达能力。教师在课堂活动的设计过程中，不仅要思考如何提升学生的记忆能力，还要研究如何提升学生的语言组织能力、理解能力、概括能力。教师在课堂中通过互动交流，对学生加以语言应用方面的训练，教师在听说教学中，一定要注重教师与学生之间的互动和交流，凸显学生的主体地位，使用多种类型的教学模态，创设课堂双向互动交流的机会，充分调动学生积极性，激发其学习兴趣，增进课堂之间的交流，让学生的视觉和听觉感官实现充分地融合。另外，教师要学会灵活运用教科书，以各种不同的形式利用好教科书，针对学生的情况，结合教材的实际内容，不断丰富语言的输入形式。

（二）网络英语教学模态

在网络环境中，听说课程的教学在网络、QQ 等技术不断发展的背景下，对教师的教学提出了严格要求。教师除了做好日常的工作，还应该和学生在课前开展交互活动，为课堂教学做好准备。同时，教师应充分利用多媒体资源，激发学生自主参与和主动探究的欲望，让学生在课前有意识地按照教学计划自主查阅有关资料，并以小组为单位，完成老师安排的课题。在多媒体和网络技术多样化功能的帮助下，课堂教学能够更加直观。教师要善于利用各种媒体资源，营造良好的英语教育氛围，促进课堂教学质量和教学效果的提升。教师在网络英语教学模态的帮助下，可以更好地创设模拟交际情境，让学生进行英语语言的练习，力求让学生获得真实的体验，在开展互动交流的过程中，教师要在各个模态之间开展转换活动，采用不同教学模态等，从而提升学生的语言技能培养水平，减轻学生学习英语时的焦虑情绪，激发学生学习兴趣，在合作学习中提升学习效率。

教师在上课之前，在网络中选择一些符合教学内容主题的音频资料，如 TED 中的演讲片段等，这些视频资料对学生能力的提升具有很大的帮助作用，学生通过长时间的视听活动，不但能够提升听说的实际水平，还能够更好地了解英语文化环境。在网络环境中，学生是学习和接受知识的主体，能够实现网络与教学互动、师生互动、学生互动的目的，实现课后、课上、课前的全过程发展。教师要对学生关心的问题有所了解，在课堂教学中播放学生感兴趣的视频，不仅让学生掌握了相关的热点知识，还能够提升学习英语的兴趣。网络英语教学模式在给教与学多向互动带来实践机会的同时，也能够促进视、听、说三位一体的教学发展，从而提升学生的学习兴趣。

第四节　内容型教学模式

一、内容型教学模式的含义

内容型教学模式也称为依托式教学模式，是以相关学科的专业课程内容为依托组织语言教学的一种教学思想，它将语言系统的学习与学科专业的发展有机地融合在一起，使语言系统的学习不再是语言教学的唯一目的。

以内容为依托的教学思想最早产生于沉浸式教学法中。沉浸式教学法认为在真实的或模拟真实的语言情境中，学习者不需要接受专门的语法教学就可以具备一定程度的语法能力，学习者在频繁的交际活动中就能够自然而然地掌握目的语言基本的词序排列规则和语法变化规则。通过这种方式获得的语言知识和技能完全可以满足学习者理解、掌握相关学科专业教学内容的需要。

这种教学思想是对语言教学的一个极为重要的启示，对学习者来说，语言知识的学习和语言内容的掌握应当是同步进行的，二者应当协调发展、相互促进，而不能完全割裂开来。基于这种教学思想的内容型教学模式就是运用目的语言来教授教学内容，让语言系统和语言内容实现有机结合的教学模式。

内容教学法可按教学要求的需要分为弱式和强式两类。前者以语言知识和技能的学习作为教学的主要目的，学科专业内容仅作为教学的辅助素材，而后者以掌握学科专业内容作为教学的主要目的，语言知识和技能仅作为完成教学任务的手段，无论是哪类内容，教学法对于同步强化学习者的专业能力和语言能力都具有重要意义。

二、内容型教学模式的特点

内容型教学法的目的是使学生尽量接触与其有直接关系或他们感兴趣的事物。这种教学方法要求教师要把课堂上所有需要讨论的话题都集中到一个主题上来进行教学，而不是让每个同学单独进行思考。学生不仅会对与他们有直接关系的内容产生好奇，还会对其他科目的内容产生兴趣。那么，教师就需要其他课程的学科内容和英语教学结合在一起，从而在宏观层面实现学生语言能力和思维能力的协同发展。内容型的教学法主要具备以下两个特征：

第一，内容型外语教学法最重要的特征就是对课程内容的理解和利用，从而满足语言学习的多样化目的。一方面，内容型外语教学法可以创设多样化的教学情景，教师可以使用这些内容对语言的具体特征进行强调；另一方面，许多学者都提出了这样一个观点：语言习得需要借助有一定难度的内容才能够得以实现。比如，维果茨基的最近发展区理论、克拉申的可理解性输入理论，都提到了这一论述。所以，在目前的内容型教学法之中，大多都将内容输入作为一个重要的内容。

第二，内容型教学法在内容选择上没有把教学课时作为基本单元，而是根据学生对所学知识和技能的理解程度来确定具体教学内容，一般不会因课时多少而有较大变化。一般一个单元内容会超出单个课时的时间要求。在实际教学中，内容型语言教学中教学内容单元常常长达数周的课时甚至更长时间。

三、内容型教学模式的原则

内容型教学模式是通过使用目标语来讲授学科内容的，在教学中融入语言系统和内容。以语言教学的具体理论为背景：只有对二者同时予以同等的关注，而非把二者割裂开，才能够促进这两个领域的同步发展。而利用目标语言进行学科内容教学，则能较为理想地实现融合这两方面内容的教学目的。

内容型教学模式的基本原则如下所示：

（一）基于内容进行教学决策

语言课程设计者与教材的主编一般会面临两个较为困难的问题，即怎样选择合适的内容与怎样将这些内容排列起来。在传统教学方法的影响下，产生了许多编写教材的方法，如听说法、语法翻译法等，它们一般都是根据语法的难易排序进行编写的，例如，一般现在时是最容易学习的时态，所以在编写教材时，要将一般现在时安排到最开始的位置。但内容型教学法推翻了传统方法对学习内容的排序方法，完全摒弃了以语言难易标准为切入点进行教学的方法，而是将内容作为教学优先考虑的部分。

（二）整合听说读写技能

在过去的教学过程中，通常会将课程拆解为具体的技能课程，如听说课、写作课、语法课等。内容型教学法强调，不仅要注重对听、说、读、写的学习，还要将词汇、语法的学习统一在一个完整的教学过程中。基于语言交流的真实需要，和语言交流活动涉及的多种技能，产生了这一内容型教学模式的基本原则。内容型语言教学也对传统的教学顺序提出了挑战，并认为教学顺序不是一成不变的，而是要根据课程的需要进行调整，可以从任何一种技能出发。我们可以看出，第一个原则经过发展形成了第二原则，是内容影响教学顺序的具体表现。

（三）重视学生的积极主动参与

自从交际法被学者提出以来，课堂重心由教师转到学生身上，"做中学"已成为交际语言教学中最基本的原则之一。任务型教学就是交际法的一个发展分支，强调了学生在完成学习任务的过程中，要学会进行探索性、发现性的自主学习。内容型教学也是交际法中的一个分支，注重学生在学习过程中充分发挥出学习自主性。支持内容型教学的学者认为：学生学习语言的时机就在于教师的输入过程之中，学生也能在和伙伴、同学的交往过程中获取自己需要的语言信息。所以，自交际法被提出之后，学生在意义建构、信息收集、意义协商、交互学习中承担着较为重要的角色。在内容型语言教学开展的过程中，学生担负着多重角色，如评价者、协调者、计划者、倾听者、接受者。和学生具备的多重角色相同，教师也具有多重身份，他们不仅是学生学习活动的组织者，也是学生学习活动的评价者、学习活动的控制者和促进者等。

（四）围绕学生选择教学内容

学生和教学环境都影响着的内容选择。教学内容一般是在特定教学及教育环境下，与教学科目并行展开的。所以在中学阶段，外语教学内容可取材于其他学科的知识，比如社会科学、历史、科学科目中。在学生进入大学之后，可选择"毗邻"语言课进修。所谓"毗邻课"就是两位老师站在不同的立场讲授相同的知识，从而实现两个不同的教学目标。在一般的教学环境下，教学内容需要从学生的需要和兴趣特点出发。而教材的编写者都很难掌握学生具体对哪里比较感兴趣，所以这一原则在实践方面是比较难把握的。但是，每个内容的实际教学时间是比较长的，教师有充分的时间和精力将学生所学的课程和学生的兴趣结合在一起，所以，如果想要更好地实现内容型理论内容，就需要让学生对自己学习的内容更感兴趣。

（五）注重真实性

以真实性为核心要素。这一教学类型不仅要求课文内容较为真实，还需要任务内容的真实可信。一首歌曲、一个故事、一段动漫都能够运用到真实的教学过程中。在外语教学课堂上运用这些真实的内容，会使内容的目的发生变化，能够更好地为语言的学习服务。同样，内容型目标教学也需要关注任务的真实性，任务一定要和某种文本场景相结合，反映出真实世界中的实际情况。

（六）直接学习语言结构

内容型教学模式使学生接触到真实的语言环境，其宗旨是使学生掌握用语言交流的技能。内容型的信息源包括了多种类型，有学生之间的结对子活动、有教师的课堂语言输入、文本形式等。但在内容型教学看来，单纯依靠可理解性输入，并非语言学习的成功之路，对于真实文本所呈现的语言结构，一定要运用强化意识来开展研究。

四、内容型教学的具体模式

目前，内容型教学模式一般包括两种主要的模式。

（一）主题模式

主题模式是以主题的形式安排教学。教师根据不同的主题对学生进行相应的引导、启发和点拨，使学生能积极主动地去探究问题。这些课堂内容主要来源于学生所学的其他学科，或是学生较为感兴趣的内容。主题教学开展的目的就是要完成教学任务，并在教学方法上有所突破，解决英语教学中存在已久而又难以突破的矛盾。

主题教学模式突出了学习语言表达的作用，但是，也没有忽略对语言形式的深入挖掘。学生能够掌握与社会生活相关的内容，并通过语法、句型、短语、学习词等知识，将意义与形式充分地结合在一起。

这一模式达到了教师引导和学生自主学习相统一的目的。在课堂教学中，教师应创设一种有利于学生自主学习的教学情境。教师有责任为学生创设学习的情境，并且进行正确引导和论证。教师为学生分配深化任务、建构知识结构的任务，从而使学生的自主性得到了充分发展。

主题模式也能够培养学生的跨文化交际能力。在围绕主题进行英语学习时，学生学到了充足的知识，包括交际的知识、文化的知识、社会的知识；在围绕主题完成交际任务的过程中，学生也提升了自己的跨文化交际能力，包括听、读、写等能力，不仅提升了学生自己的素质，还完善了学生的个性；在进行自我学习的过程中，学生能够积极找寻自我价值，超越自我。主题是英语教学进行的主路径，这条路径由主题—话题—细节的顺序构成，让学生循序渐进地建立起一个系统的知识体系，借助这一知识体系的作用，学生能够完整反映主观世界和客观世界的面貌。

（二）附加模式

附加模式是指语言教师和某一学科的教师进行同一进度的教学活动，但是他们的教学重点和目的在实质上有区别。在实际教学中，语言教师主要以语言知识为中心开展授课活动，最终目的是实现语言教学目标；而负责学科内容的教师比较关注学生对学科内容的理解。因此，在课堂中，这两类教师的角色有很大差别。比如，一位英语教师与一位心理学教师都用心理学的内容为基础授课，在这个过程中，英语教师将心理学的知识转换为英语，目的是提高学生运用英语的水平；心理学教师的教学目标是让学生掌握更多的心理学学科知识。如果一位英语教师只教授英语语言学方面的内容，那么他所传授的内容就会使学生感到枯燥乏味。所以在英语学习的课堂中，学生需要快速吸收一些具有难度的知识，这样就能更迅速地了解一些比较难的知识，并且在语言教师的帮助下，掌握语言的运用方法。

五、内容型教学模式的优缺点

（一）内容型教学模式的优点

1. 丰富的学科内容助力学生智力的发展

交际法最为强调英语教学语言形式与内容的关系。这一教学方法对我国英语教学有着重要意义，因为它有利于培养学生用英语进行交流、合作的能力以及提高他们运用语言知识分析问题、解决问题的实际技能。但由于交际法未能摆脱教学法长期形成的"内容自由"传统，仍是借助语言的作用或内在思维方式来选取内容。这样语言自身就同时扮演了两个角色，分别是教学的内容和教学的中介，极易在课堂中产生短期循环的现象，也就是教学的核心有时会偏向于内容，有时会偏向于语言结构。但不同内容需要使用不同的教学思路，如果教学思路出现了变化，教学内容也要随之变化。如果教师只注重某一个方面或某个层次上的知识传授而忽略其他层面上的理解与应用的话，就会影响到对其他层面的认识和运用。于是，多元而丰富的学科内容就成了语言教学中的重中之重，成为培养学生认知能力的重要标准。时代在进步，外语教学的宗旨日益倾向于把语言教学作为人发展的一个要素，并将语言的培养融入人的思维成长过程之中。而新的教学模式——沉浸式语言教学方法正在逐渐被人们接受并运用到实际教学中。对沉浸式语言教学进行研究后我们发现，在学习第二语言时，培养学生的一般认知技能与使学生接触母语是同样重要的，语言能力的培养和提升认知水平是同等重要的两个方面。其症结在于思考方式的差异，对语言内容的差异提出了要求。所以，在提升学习者学习内容丰富性的同时，也促进了学生语言能力的不断发展。

2. 提高学生的学习策略

学生的学习策略，也将在思维进步的过程中不断完善。不同类型的学习策略对英语学习效果有很大影响。比如，学习推导策略要比寻找同源词难度更大。惯用语的使用、重复、翻译都是学生在学习早期比较容易掌握的内容。但在内容不足的学习环境中，他们往往被束缚在语言结构知识的狭窄环境里，学习策略难以得到进步，一些较为关键的高级策略难以生成，如推导、监控、运用等。卡明斯曾经对影响语言学习的因素进行了研究，其中最主要的因素是认知难度和语言情景。他认为当任务更有挑战性或更具复杂性时，学生更容易表现生成主动性和创造性的思维。在实际的任务场景下，学生会主动参与意义协商，遇到难度较大的信息，学生会主动给予反馈。当遇到更多复杂问题时，他们会利用语境资源进行推理并合理解释。在此背景下，情景信息、副语言特征一起支撑着语言的发展。这时语言所获得的支持将更有保障。在情境与认知难度均有所下降或者减弱的情况下，学生需要借助自己对语言的理解发展自己的知识。例如，解析句法结构、查找同源词等。富有情景的语言学习环境，给学生提供了许多类型的学习材料，如超语言的材料、元语言的材料，它们对学生开展信息加工具有重要意义。母语是在认知难度较大、语言情境较多的条件下获得的。但我国英语教学和母语学习情况恰恰相反，英语学习往往是在认知难度大、情境缺失的情境中进行。所以英语教学的效果自然也就难以提高了。

3. 提供大量的材料支持语言发展

比如超语言、元语言中的情境内容能极大地增强语言感知力与理解能力，由此加快了语言发展。在语言的习得过程中，学生的认知水平直接影响其学习效果。内容知识的丰富性，能使学生形成良好的学习策略。一些功能性较低的策略，比如翻译、背诵、单纯地重复等策略，尚不能充分适应英语思维能力培养的要求，先进、有效的学习策略是语言学习取得成功的关键。此外，学生对内容的敏感性也十分重要，因为它可以提升学生的语言背景图示知识，对系统知识产生完整的认识。学生的思维能力在这个过程中得到了提升，同时也对知识进行了处理。外语教学的内容必须不断变化，从而适应学生各种思维能力的发展。内容也具有多样性，不仅满足了人类思维进步的需要，还促进了语言的发展。内容型教学法强调学习者要掌握大量的材料，并将之作为学习活动的一部分来看待。很显然，内容型教学法是通过构建那些和语言结构存在联系的思维技能来促进语言的发展。由于内容和认知方式是联系得较为密切，借助认识方式的帮助，内容可以通过不同的语法规则、观点、概念得以表达。英语教学法的改革首先是内容的改革，一方面，会加大学生认知内容的难度，促使学生的思维能力得到培养；另一方面，又把内容变成语言发展的一个具体条件，从而让英语教学更符合人类语言发展的总体性规律。

（二）内容型教学模式的缺点

1. 缺乏针对性的教材

当前，欧美国家对内容型教学法的实践尚处在探索阶段。由于内容型教学法包含了众多的方法模式和内容体系，导致难以形成一个比较统一化的教材。如果仅从教学模式的角度分析，内容型教学法就包含了三种模式，分别是遮蔽模式、附加模式、主题模式，每种模式对教学因素的要求都是不同的，也就是对教师内容结构、教学程序、教材的要求都是不同的。如果想要编纂出符合教学规律的教材，是非常困难的。

2. 缺乏合格的师资力量

内容型教学法对教师的能力提出了更高的要求。首先，教师应该在学科内容的要求下，完善自己的知识储备。但是在实际情况中，很少有教师能够满足教学法的要求。其次，不同教学模式的变化对教师来说，挑战也是不同的，教师不仅需要具备良好的英语学习技能和知识，还需要和其他学科的教师一起合作，才能够达到完成教学任务的目的，这需要教师改变过去传统的思维方式。所以我们说，内容型教学法对教师的要求比其他教学法对教师的要求更高。

总而言之，丰富的学习内容是文化得以发展的载体，也是语言不断发展的先决条件，同时学习内容也是人类思维不断创新发展的重要组成部分。所以，现代英语教学法要从种类繁多的学科内容出发。为了从根本上协调语言意义和内容之间的关系，我们可以采用多种类型的教学模式，从而促进学生的全面发展，还能够改善过去存在的忽视内容、重视形式的做法，将教学法的定位从"为教语言而教学"转变为"工具性目的而教学"，从而实现为学生个人发展服务的最终目的。

第五章　高校英语教学创新模式
之混合式教学模式

本章的主要内容为高校英语教学创新模式之混合式教学模式，主要从混合式教学模式概述、语法教学的混合式教学模式、读写教学的混合式教学模式、听说教学的混合式教学模式、翻译教学的混合式教学模式几方面展开论述。

第一节　混合式教学模式概述

一、混合式教学模式的含义

从定义的角度分析，Blended learning（混合式教学）并不是最近才出现的概念，Blend 一词也有"混合"的意思，Blended learning 的原有意义为混合式学习或结合式学习，其说法在多年之前就已存在。究竟混合的内容包括什么，学者们给出了不同的观点。

德里斯科尔（Driscoll）指出，混合式教学的定义可以概括为以下四点：

（1）是多种教学法的混合，如认知主义、行为主义、建构主义等主义教学法的混合。

（2）是任意一种教育技术和面对面课堂教学的混合，教育技术包括许多种类的视听媒体，如录音录像、幻灯片投影等。

（3）是教学内容和工作任务的混合。

（4）是利用不同网络技术进行的各种学习方式的混合，如流媒体视频、合作学习、自定步调学习、虚拟课堂等。

在最近一段时间，随着多媒体技术的快速发展，教育界开始使用"混合"的相关定义，为"混合"赋予了全新的意义，并且能够和信息技术紧密地联系在一起，皮恰诺（Picciano）为混合式教学总结了一个更为宽泛的定义：面授课堂与技术的混合。

混合式教学能够将课堂教学和信息技术结合在一起，那么混合式教学覆盖的范围应该是更为宽泛的，起码比远程教育、计算机辅助语言学习（Computer Assisted Language Learning，简称 CALL）的范围更加广泛，所以混合式教学应该是将远程教育和 CALL 结合在一起的。

如果定义的范围过大，不仅不能够从本质上探究清楚混合式教学的本质内涵，还有可能在实践层面缺少可操作性。目前，学术界对混合式教学有这样一种普遍的认识：混合式教学包括在线学习、面对面学习两个部分，并且能够将这两个部分结合在一起。我们可以将混合式教学分为下面三种类型：

（一）仅关注核心成分

学术界认为混合式教学主要有两个部分：在线学习、面对面学习。

格雷厄姆（Graham）指出，将面对面课堂和在线学习结合在一起，就形成了混合式教学。

罗娃和乔丹（Rova&Jordan）提出，如果将面对面教学和在线学习看作一个整体的话，那么处在这两者之间的模式可以叫作混合式的教学模式。这个定义是从课程设计内容发展而来的。这个定义明显是比较宽泛的。

克拉克（Clark）提出，如果将混合式教学简单地看作面对面教学和在线学习的结合体，这样一来，很多教师就认为假如在传统课堂的教学基础上添加在线学习的内容，那么这样的课堂就是混合式教学了。

（二）在线学习取代部分课堂面授时间

在一些研究者看来，混合式教学的实现不仅需要将信息技术添加到传统课堂中，而且其定义中需要减少有关面授时间的内容。

第二届工作坊于 2005 年开办，舍弃了过去范围较大的定义，正式提出了混合式教学的具体定义：部分面授时间被在线活动代替的教学模式。

斯特克和霍恩（Stake&Horn）提出，在混合式教学中，需要学生在一定的时间内接受课堂的教学，也需要在一定的时间内进行在线的学习，在线的部分可以让学生自由地控制学习的进度、方式、地点、学习时间。

（三）关注混合的质量

一些混合式教学的定义特意将"质量"引入其中。辛格和里德（Singh&Reed）指出，混合式教学是在恰当的时间，为恰当的对象，应用恰当的教育技术，通过恰当的方式，提供恰当的学习内容，以使学生获得较高的学习收益。加里森和卡努库山（Garrison&Kanuku）认为，混合式教学是课堂面授与在线学习的"周密"结合。布鲁克、古地耶、埃里斯（Bliuc，Goodyear&Ellis）提出，混合式教学是一个"系统的"结合，可以将学生、教师、学习资源充分地结合在一起，为学生提供面对面的技术支持。

我国学者对混合式教学的定义更强调其作用与意义。

李克东指出，如果能够将面对面教学和在线学习的内容充分利用起来，达到提高教学效益、降低成本的效果，这种教学方式就叫作混合式教学。[①]

何克抗指出，混合式教学能够将传统学习方法的优点与在线学习的优势结合在一起；第一要重视教师在教学过程中发挥的作用，第二要重视学生的主体定位。该定义较为重视两种模式之间的互补。[②]

二、混合式教学模式的特点

大体上说，混合式教学有以下四个特点：

（一）动态性

由混合式学习第一次出现到之后经历的几个阶段可知，混合式教学也随着时代和环境的改变不断得到完善和发展，其囊括的教学模式、教学方法、教学内容等越来越多样。

[①] 李克东，赵建华 . 混合学习的原理与应用模式 [J]. 电化教育研究，2004（7）：1-6.

[②] 何克抗 . 从 Blending Learning 看教育技术理论的新发展 [J]. 中小学信息技术教育，2004（4）：21-31.

（二）多元性

由混合式教学的定义就能看出其"多元"的特征，其是"教"与"学"多种要素的整合，是多个教学维度的有机结合。另外，混合式教学的理论基础也是多元的，包括认知主义理论、行为主义理论、建构主义理论、社会文化理论、教育传播理论等。

（三）实用性

企业培训使混合式教学得以产生。之后，开始有一些国家将其应用于教育领域，如中小学教学和高等教育的教学、教师培训等。该领域的探索与实践研究表明，混合式教学是非常有效的教学方式。混合式教学的应用和研究领域极为广泛。

（四）时代性

教育国际化和信息化的一个必然产物就是混合式教学。在教育领域中，混合式教学的时代性备受关注。另外，随着科技的发展和教育技术的不断更新，混合式教学被赋予了新的科技内涵。

三、混合式教学的具体模式

（一）慕课教学模式

慕课教学是基于关联主义理论建构起来的一种在线的教与学方式。慕课教学的诞生并不是偶然的，是随着网络技术的发展而产生并不断发展的。

1.慕课教学模式内涵

慕课全称是"大规模在线开放课程"，简称 MOOC，这一模式起源于美国，在短短数年间，被全世界广泛运用。慕课这一模式是由有分享与协作精神的个人组织而成，将优异课程予以上传，让世界各地的人们下载与学习。

从形式上说，慕课教学就是将教学制成数字化的资源，并通过互联网来展开教与学的一种开放环境。从本质上看，慕课教学是一种与传统课堂相对的课堂形式，因为其基于互联网环境而发送数字化资源，实施的是线上教学。学生完成了网上课程学习之后，通过在线测试，可以获得证书或证明。

一般情况下，慕课教学的要素包含以下四点：具有完整的教学视频，并且一般时间设置为 6—10 分钟；具有完善的在线考试体系，往往可以实现过程考核与个性考核；具有一定量的开放性话题，可以集中学生的学习兴趣与积极性；具有 PPT、电子参考教材、模拟试题与解析等其他辅助资源。

在这些要素的基础上，慕课教学需要教师与学生之间的互动，如教师对信息的发布、回答学生问题等。慕课教学本身为学生提供了学习的数据，教师和学生都可以通过数据对学习状态进行分析，从而改善自身的学习情况。

2. 慕课教学模式的优势

英语慕课教学在英语教学中的运用必然会导致教学方式与理念的变革。慕课教学为英语教学活动的开展提供了具体的思路，从而形成了以下两点优势：

（1）平衡不同学生的水平

不仅生源地是不同的，而且不同水平的学生在学习方面也有很大的差距，所以学生的起始水平也是不同的，如果教师实行大班课堂，那么很多学生很难学到想要学习的知识，甚至丧失学习的积极性。英语慕课教学是一个开放性的平台，为学生展开一对一教学提供了平台，便于缓解师生之间的教与学矛盾。同时，英语慕课教学也不受时空的限制，有助于学生在任何地方、任何时间巩固自身的英语知识，提升自身的英语水平。

（2）提供能力培养平台

我国的英语教学在不断发生变革，但是总体上还是将重心置于基础知识教学层面，这一教学模式必然对当前的英语教学产生负面影响，即很难帮助学生提升自身的综合能力。受其影响，很多学生对英语并未给予过多关注。英语慕课教学为学生提供了新的专业动向与视角，便于学生调动自身的积极性，促进他们提升自身专业能力，对自己遇到的问题进行专业化解读。

（二）微课教学模式

随着网络技术的推广，人们的学习方式在逐渐发生变化，这时微课悄然进入人们的视野，并对各个领域产生了重要影响，英语教学领域就是其中表现最突出的。可以说，微课为英语教学开辟了一个新视角，提供了一个新平台，逐步推进英语教学向前发展。

1. 微课教学模式的内涵

对于"微课"的概念，目前还未统一，不同的学者观点不同，下面介绍一些有代表性的关于微课的观点。最早提出"微课"概念的学者是胡铁生，他通过借鉴慕课的定义，认为微课即微课程的简称，是以微型视频作为载体，对某一学科的重难点等教学知识点与教学环节来设计一个情境化且支持多种学习方式的网络课程。①

之后，胡铁生又对这一观点进行了改进，认为微课需要借助教学视频的内容才能够更好地开展，而且微课需要以新课程标准和课堂教学的实际开展作为基础。微课是教师在课堂活动中开展的精彩教学活动，是教师针对某一个知识点展开的教学活动。②

郑小军、张霞则认为，微课不等同于课堂上的实录，而是从某个重点难点出发创作的视频，即微课聚焦了重点难点问题，并且将那些有干扰的信息排除掉。③

上述众多学者的概念是非常具有针对性的，并且在一定程度上将微课的特征反映出来。本书作者对于胡铁生的定义更为推崇，认为从本质上说，微课是一种支持教与学的微型课程。

2. 微课教学模式的优势

从微课教学的内涵与构成来看，微课是基于现代的信息技术建立起来的，并且与英语教学大纲相适应，是一种新型媒体在英语教学上的运用。可以说，基于微课模式的英语教学有着很多现实意义，下面做具体分析。

（1）成果简化、多样传播

由于英语微课教学具有鲜明的主题与具体的内容，因此便于成果简化与传播。同时，其传播的方式也是多样化的，如可以通过微博进行传播，也可以通过网上视频进行传播。

---

① 胡铁生. "微课"：区域教育信息资源发展的新趋势 [J]. 电化教育研究，2011（10）：5.
② 胡铁生，黄明燕，李民. 我国微课发展的三个阶段及其启示 [J]. 远程教育杂志，2013，31（4）：36–42.
③ 郑小军，张霞. 微课的六点质疑及回应 [J]. 现代远程教育研究，2014（2）：7.

（2）资源容量小、构成情境化

一般来说，英语微课教学的视频占据几十兆的容量，是非常小的，在格式选择上也多为流媒体格式。在英语教学中，微课教学更有助于师生之间、生生之间的互动。

除此之外，英语微课教学凸显主题，并且趋向于明确性与完整性。视频片段作为微课的主线，并对教学资源进行统一整合，构成一个资源包，为学生创造一个真实的学习环境。这些都体现了英语微课教学的情境化特点，有助于教师与学生提升自身的教与学水平。

（三）翻转课堂教学模式

翻转课堂是运用互联网思维创新教学的产物，核心在于将互联网开放、自由、平等的特征与英语教学的本质与规律紧密结合，形成对教学活动、师生关系等要素的重新思考与定位。在基于班级授课的框架下，翻转课堂引入网络学习新思维，对课堂的时空加以拓宽，实现传统课堂与网络课堂的有机结合。也就是说，翻转课堂作为一种全新的英语教学模式融入传统课堂中，颠覆了传统课堂的基本结构，为英语教学注入了新的活力。

1. 翻转课堂教学模式的内涵

在通常情况下，翻转课堂都有一个最简单的解释：翻转课堂能够改变过去传统课堂学习和课后作业的顺序，也就是将理解知识的过程转移到课堂之外，将内化知识的过程转移到课堂之中，学生在课前根据网络课程资源的内容进行自学，在课堂之外，再根据教师的具体指导，通过自主纠错、反思总结、练习巩固、合作探究等方式实现知识的内化过程。

美国富兰克林学院数学与计算科学专业的罗伯特·塔尔伯特（Robert Talbert）教授提出了最开始的翻转课堂实施结构模型，他认为翻转课堂教学在"线性代数"课程中的使用取得了较好的教学效果。

这一模型为后续学者、专家进行教学模式探索提供了基本思路。

随着教学过程的颠倒，教与学的流程、责任主体、师生角色、课内外任务安排、学习地点和备课方式等方面都发生了明显变化。与传统意义上的课堂教学结构相比，翻转课堂改变了人们对课堂思维模式的依赖，颠覆了学生的思考方式，以一个更新的视角改变了课堂的形式和含义。有人认为，"翻转课堂"打破了持续几千年的教学结构，颠覆了人们头脑中对课堂的传统性理解，倡导先学后教、以学定教，赋予了学生更多的学习自主性和选择性，强化了师生之间的沟通与交流，从实质上来看，其是解放学生学习能力的一次机会。这种方式不仅符合国家教育的发展方向——创新发展学习的方式和教学的模式，也因此被称作传统教学模式的"破坏式创新"，成为信息技术与学习理论深度融合的典范。

2. 翻转课堂教学模式的优势

翻转课堂教学为英语教学提供了新的平台，从本质上体现了英语教学改革的深化，帮助英语教学突破困境，为学生的英语学习提供便利。下面就具体分析英语翻转课堂教学的优势：

（1）便于学生开展个性化学习

由于学生很多都是来自不同的地方，他们的基础水平不同，对英语的认知程度与爱好程度不同，因此呈现了明显的参差不齐。虽然现代的教学研究领域对这一点已经予以关注，但是传统的英语教学模式很难改变这一现状，尤其是很难实现分层教学。相比较之下，英语翻转课堂正好能够从学生的角度考虑，根据学生自身的能力开展教学活动，这样能够让学生获得更符合自己实际需要的知识，从而循序渐进地展开英语学习。

（2）便于学生自由安排时间

英语翻转课堂教学有助于学生对自己的英语学习时间进行安排，尤其是对于毕业生而言，有助于他们平均分配自身的学习时间，将一部分时间用于自身的实习工作上，另一部分业余时间用于开展知识的学习。对于这一部分学生而言，英语翻转课堂教学非常符合他们，并且便于他们恰当安排自身的工作与学习时间。

（3）便于基础薄弱学生反复学习

在传统的英语课堂教学中，教师将教学的重心置于那些基础较好的学生身上，因为在教师的眼中，这些学生可以紧跟教师讲课的步伐，并且愿意参与到自身的教学之中。但是，教师不能忽略的是班级除了基础好的学生，还有一些英语水平薄弱的学生，这些学生在课堂上往往是被动地听课，很难追赶上教师的讲课步伐，基于这种情况，英语翻转课堂教学可以帮助他们开展反复的学习，即对教师课堂讲授的内容进行循环播放，以获取与理解所讲知识，直到真正地明白。另外，英语翻转课堂教学有助于教师节省时间，让他们将更多的精力放在那些成绩稍差的学生身上。

（4）便于师生生生之间互动

与传统的英语课堂教学相比，英语翻转课堂教学便于师生之间进行互动，改变他们传统的相处模式，并且彼此之间是一对一的交往方式。如果学生对某一个或某些知识点存在着疑惑，那么教师可以将这些学生存在困惑的知识点加以整合，并对其进行解析，帮助学生解惑。除此之外，在英语翻转课堂教学上，学生也会不断地进行互动，他们不会再将教师作为唯一的知识来源，还可以通过与其他同学之间的互动来获取知识。

（5）便于人性化的课堂管理

在传统的英语课堂教学中，教师为了让学生能够更好地获取知识，往往对课堂管理非常注重，强调学生应该集中注意力。这是因为在教师的眼中，如果学生被某些事情扰乱了思绪，那么必然会导致他们的进度下降。相较于传统的英语课堂教学，英语翻转课堂教学是不存在这一情况的。这可以从以下三点来理解：

第一，英语翻转课堂教学将学生的主动权归还给学生。英语翻转课堂教学强化了师生间、生生间的互动关系，让学生有了足够的主动权，发挥自身的主观能动作用，投入学习之中。虽然在传统的英语课堂教学中，教师也会对学生进行辅导，但是基于传统理念，教师的辅导仅限于形式上，教学活动仍旧在于讲授，学生并未占据主体地位。在"互联网+"背景下，英语翻转课堂教学使学生的主体地位得以确立，学生能够根据教师给予的资源开展自主学习，遇到不懂的问题可以在课堂上与教师展开讨论，这样自己的知识久而久之就不断深化了。

第二，英语翻转课堂教学对传统的教学模式中学生的学习态度与观念进行扭转。在英语翻转课堂教学中，学生的学习内容是从自身的需要考量的，根据自身的兴趣来定位。基于总体学习目标，学生根据教师提供的学习资料与路径对自身的知识进行建构，提升自身的英语水平。

第三，英语翻转课堂教学逐渐降低了学生对教师的依赖程度。也就是说，在英语翻转课堂教学下，学生知识的习得是最主要的，他们并不完全依赖于教师，因此学生占据主体地位。英语翻转课堂教学要求学生要自主学习，在他们的自主学习中，往往会需要其他同学的帮助，久而久之就会形成一种习惯，然后愿意去接受与学习知识，并展开与其他同学的探讨，这样不仅有助于提升自身的英语水平，还有助于加强与他人的交流。

第二节　语法教学的混合式教学模式

翻转课堂是混合式教学模式之一，是随着信息技术的发展而产生的一种新型教学模式，将该教学模式运用在大学英语语法教学中，能够更好地调动学生的学习兴趣，提升学生的学习能力，提升学生的独立思考能力，从而促进学生语法能力的提升。本节将要探讨的是语法教学中基于翻转课堂的混合式教学模式。

一、采取语法教学的混合式教学模式的必要性

（一）语法教学和学习对象分析

英语语法属于英语教学的基础内容。如果想要恰当地使用英语，就必须了解英语的语法结构及相应意义。没有语法的语言教学极易造成学生无法在语言中运用理性规则，因此英语语法在英语教学中的地位不容忽视。作为语言使用的基础，英语语法教学所面向的学生包括小学、初中、高中和大学四个阶段，《义务教育英语课程标准》对语法教学有明确规定，要求"理解课标所列语法项目并能在特定语境中使用；了解常用语言形式和基本结构的常用表意功能；在实际运用中体会和领悟语言形式的表意功能；理解并运用恰当的语言形式描述人和物，描述具体事件和具体行为的发生、发展过程等"。而《高等学校英语专业英语教学大纲》（2000）"附录 I 英语专业课程描述"中关于英语语法课程的目的表述为：帮助学生重点掌握英语语法的核心项目，提高学生在上下文中恰当运用英语语法的能力和使用英语的准确性，使学生对英语语法有一个比较系统的了解，并能借助英语语法知识解决英语学习过程中的有关问题。从这两个文件的规定中我们不难看出，

英语语法课程有两个特征，分别是知识性和技能性。英语语法课教学需要完成知识性目标和能力性目标，不仅要让学生系统地了解英语语法知识，还要培养和提高学生准确运用英语语法结构的能力。同时达成英语语法教学知识性和技能性目标，需要产生式训练的技能，涉及形式、意义和使用三个方面，这三者互相依赖，一方的改变会带来另一方的变化。换言之，掌握语法结构是基础，了解意义是关键，如何能在恰当的时间准确得体地运用英语完成意义交际活动是目的。英语语法教学的最终目标是自动化的语法能力。

英语语法教学避免不了传授抽象的语法规则，而规则一般都是枯燥、易错、难巩固；同时学生在英语语法学习中存在信心不足、语法意识淡薄和掌握水平参差不齐等问题。然而，身处于"知识大爆炸"的信息时代，学生对新生事物充满好奇和兴趣。他们信息素养较高、个性需求强烈、思维较为活跃，具备在教师引导下进行自主学习的能力。

（二）高校英语语法教学的困境

英语语法教学经历了"重视—淡化—争议"的过程。20 世纪 60 年代前的传统语法教学，注重语法形式，强调教师讲解和学生练习。学生获得了语法的陈述性知识，却难以培养正确使用语法形式的能力。20 世纪 70 年代以后，盛行一时的交际教学法和自然法认为语法学习完全没有必要，强调交际能力的培养。但多年之后人们注意到，即便学生接触了大量语料，虽然语言交际看起来流利，语言的准确度却差强人意。目前英语语法教学面临着两大困境：英语语法教学的必要性和英语语法教学的有效性。在我国有些学校，传统的语法教学正在逐渐淡出各个层次的英语教学安排。究其原因无外乎两点：一是认为只要对学生进行大量输入，通过"沉浸式"学习培养语感，语法自然得到内化；二是语法课枯燥乏味，且学生学习动力不足，教师费力却收效甚微。由此可见，"英语语法如何教"才是困境之源。

在信息迅猛发展的时代，以移动互联网智能终端、物联网等为代表的泛在学习环境和智慧学习环境开始普及，当今英语语法教学面临着英语知识与英语能力脱节，原先语法教学环境下交际缺失，语法学习方式和学习资源传递的单一枯燥，以及评价方式和主体的单一性等问题。而基于翻转课堂的混合式语法教学模式能满足个性化、多元化和自由协作学习的需求，它通过灵活开放的语法学习环境，提供丰富多样的教学资源，转变语法教学过程的各个要素作用，精心设计语法教学内容，增加师生或生生间的互动，能实现语法教学效果的最优化。

二、语法教学的混合式教学模式的流程

具体而言，英语语法基于翻译课堂的混合式教学模式的流程主要包含六个阶段：教师课前准备阶段、学生课前学习阶段、教师与学生课前互动阶段、学生课堂检测阶段、学生知识内化阶段和学生知识巩固阶段。

（一）教师课前准备阶段

基于翻译课堂的混合式教学模式，教师通过网络资源平台的教学视频来完成知识的传授，因此在课前会要求学生认真观看教学视频，这是进行翻转课堂的前提。同时，为了提高学生学习的积极性和主动性，根据教材特点和课程内容，设计自主学习材料，此任务单也包括课前和课中两部分，学生在观看教学视频后完成课前部分，教师根据学生的完成情况和提出来的疑难问题，设计相应的授课PPT。

（二）学生课前学习阶段

在教师进行新单元讲解之前，学生可利用周末时间在家认真观看教学视频，并通过完成学习任务单来掌握自己的学习进度，对存在疑问的知识点进行自主思考，并认真做好笔记，记录下自己发现问题、思考问题、解决问题的过程、方式和结果，以便在课堂上与其他同学进行充分讨论，互相分享学习经验。

（三）教师与学生课前互动阶段

学生在观看视频和完成学习任务单时，遇到困难可在班级群内进行讨论，学生在进行讨论时，教师应仔细观察、记录学生的情况，并适时做出指导。讨论过后，若学生还存在疑问，可将疑问写在任务单上，教师收回任务单并批阅，并结合讨论情况和任务单完成情况适当调整课堂活动内容。

（四）学生课堂检测阶段

学生在课前已借助网络资源平台和学习任务单完成了语法知识的传授，因此，课堂教学的前3—5分钟可用于检测。课堂检测不仅能进一步了解学生的掌握情况，还能帮助学生归纳、总结所掌握的语法知识，为小组活动的顺利进行奠定基础。

（五）学生知识内化阶段

学生主要通过小组活动的方式进行知识的内化。分组的过程中要遵循"组间同质、组内异质"的原则，每个小组的人数应该固定在4—6人。每个小组选派一名组长、一名汇报发言人、一名记录员，尽量为小组内的每名成员都分配适当的角色和任务，这样可以使每名学生都参与进来，避免出现"偷懒"的情况。在小组讨论的过程中，教师要不断地巡视，避免小组讨论流于形式。可见，小组讨论能够营造浓厚的课堂学习氛围，促进学生对语法知识的理解与运用。

（六）学生知识巩固阶段

在小组讨论结束后，每个小组选派一名同学发言总结，最后教师做点评。点评结束后，教师对本节课所涉及的语法知识及学生遇到的问题进行总结，旨在巩固学生习得的语法知识，并加深其对语法知识的记忆。

三、语法教学的混合式教学模式的策略

（一）提升微课制作水平

和过去传统的语法教学模式相比，以翻转课堂为基础的混合式教学模式替代了传统课堂中"黑板＋粉笔"的教学方式。但是对于使用传统教学的教师来说，想要很快适应视频微课的方式是很难的。所以，首先，教师要学会掌握制作微课的技术，才能够很快地适应使用这一制作软件；其次，教师要学会主动地整理和加工微课的视频内容，并且要注意选择合适的课本知识，在合理利用网课的基础上，实现数字化课程资源的再丰富。

（二）增加师生互动渠道

制作视频微课是基于翻转课堂的混合式教学的前提，后期的检查、实施和监督是更加重要的部分，因此师生之间应保持多维互动。首先，教师要指导学生观看视频微课，并对学生的学习内容和时间进行计划，把握学生学习的进度；其次，教师要利用社交软件建立 QQ 群和微信群等，加强与学生线上和线下的互动，对学生在自主学习中遇到的问题进行解答，促进师生和生生之间的讨论，实现英语语法知识的消化和吸收。

（三）强化答疑解惑能力

基于翻转课堂的混合式教学模式，教师将制作好的视频微课上传到网络平台，学生自行下载，并在固定时间内完成自主学习，而对于遇到的语法知识难点，除了课堂学习小组讨论，更多的是由教师在课堂上统一解答或个别辅导。对此，英语教师应不断充实自身的语法知识储备，提升自己的语法能力，从而更好地解答学生的疑难问题。

（四）差异化教学辅导

在翻转课堂的混合式教学模式下，教师要更新教学理念，改变传统的教学模式，主动融入和参与学生学习的各个环节，成为学生学习的指导者和监督者。由于不同学生之间存在的巨大差异，有着不同的基础水平和认知结构，因此教师需要采用不同的辅导方式来对不同层次的学生加以辅导，特别是对那些自律性不强的学生，更要采取有效的方式来加以辅导，促进他们进行自主学习。

总体而言，在信息化背景下，语法教学应紧跟社会和教学改革发展的趋势，结合信息技术开展教学，即在教授词汇和语法知识的同时，融入英语文化知识，进而培养学生的文化素养，提高学生的综合能力以及运用词汇和语法知识进行跨文化交际的能力。与此同时，教师要持有客观的态度，不能一味地导入英语文化，还应传授汉语文化知识，从而树立学生的文化自信，使学生运用所学知识传播中国文化。

第三节　读写教学的混合式教学模式

一、阅读教学的混合式教学模式

（一）阅读教学的混合式教学模式的作用

1.促进教师教学角色转变

开展英语阅读教学的时候，把混合式教学模式应用其中，可以提升教师的教学水平。网络信息技术不断向前发展，一些新产生的教学模式打破了传统意义上的教学模式的限制，使教师的角色发生了很大的变化。在混合式教学模式下，教师不是英语阅读教学的主体，学生才是英语阅读教学的主体，教师转变成英语阅读教学的引导者和监督者。在这样一种新颖的教学模式之下，传统意义上的灌输式的教学方法已不再适用，而是应转变为学生在课前通过线上进行自主性的学习，教师只是对其进行适当的监督和指导。那么在课堂上，教师则主要针对学生的疑问进行分析和解答，使学生对知识有更为深入的了解。这个时候，学生成为教学的主体，他们不再是被动地接受知识，而是积极、主动地探究知识，这样一种教学模式与教学改革的发展相适应，对于教师转变自身的角色和学生的有效学习都具有积极的作用。

2.促进教师教学水平提升

在混合式教学模式之下，教师就要把更多的时间和精力放在创建和设计教学平台上，这样才能使学生学习资源的丰富性得到有力的保障。教师必须积极创作出优质的网络微课，这样才能不断激发学生自主学习的积极性和自觉性，使学生把课外的线上学习和课上的指导性学习有机结合起来，最终实现教学效果的最大化。举个例子来说，山东的某一所学校的英语教师对网络教学资源进行了较为充分的运用，对英语阅读的内容进行了适当的分类，如科学技术类、生活技巧类、情感故事类等，这样可以让学生对自己的阅读习惯有较为明确的认知。此外，该教师还借助有关图片使学生对阅读内容的理解更为透彻。在阅读的做题部分，教师创设了闯关的模式，设置的题目也是由易到难，使学生通过做题可以对自身的阅读能力有较为深入的了解，教师还能确定阅读的难点，对其进行有针对性的解答，帮助学生更有效地开展学习。

3. 促进学生自主学习能力提高

在英语阅读教学中，混合式教学模式的应用对于提高学生的自主性探究学习能力具有积极的作用。在混合式教学模式下，教师和学生的角色已经发生了转变，教师不再是课堂教学的主体和中心，学生成为教学的主人，他们不再被动地接受教师传授的知识，而是积极地、主动地对知识进行学习和探究。在课外，学生可以借助教师精心设计的教学微课开展自主性学习，对比较难的知识进行深入的学习，还可以和其他同学进行自主性的讨论，解决学习中的难题。当然，学生也可以在课堂上就相关问题向教师求教。在混合式教学模式下，学生更希望在一种比较和谐的氛围中进行公平的竞争，积极、主动地对英语阅读教学进行探究。比方说，在混合式教学模式下，四川的某个学校的学生会积极主动地开展英语阅读竞赛，在相同的时间内回答指定题目，评价的标准既要看答题的速度，也要看答题的正确率。对于在比赛中获得胜利的学生，教师要给予适当的奖励，从而不断促进学生提高自身的自主学习性。

4. 促进师生良好互动

在英语阅读教学过程中应用混合式教学模式可以促使教师和学生之间形成良好的互动性。传统意义上的英语阅读教学模式之下，教师在课堂上布置英语阅读的练习，然后对相关阅读的题目进行答案讲解，在课堂上，学生只是被动地接受教师讲授的知识，课堂氛围也是比较沉闷和枯燥的，这样的教学方式并不能促进学生有效地开展学习。在混合式教学模式下，学生可以在课下通过线上进行自主性的学习，教师在课堂上对学生的学习进行适当的引导，还可以对学生存在疑问的地方进行解答。这样的教学方式既可以提升课堂上的教学效率，还可以创造一种比较轻松、活跃的氛围，使学生可以在课堂上随心所欲地发表自己的意见和看法。比方说，上海某个学校的学生在开展课前线上学习的时候，有一些学生对其中一道阅读题目的答案存在疑问，还有一些学生认为答案没什么问题。那么在课堂上，教师则可以积极引导学生对此问题进行讨论，并帮助持有不同观点的学生寻找更多的知识资料来对自己的观点进行论证。在进行辩论的时候，教师既可以担任裁判，又可以和学生之间进行良好的互动，从而促进学生更好地达到学习目的。

5. 促进学生口语和写作技能提高

在心理学上，我们通常把语感称为理智感，它是被涵盖在情感的范围之内的。人不只是有属性的感觉，还有比较特殊的关系感和情感，人们就是通过这些理智感来认识各种联系和关系的。如果人们还没有意识到联系和关系，那么，人们在直觉上所产生的认识只能算是感性的。可以把语感称为对于语言的感性反映。在进行交际的时候，语言可以说是一种非常复杂的体系，而对语言的语感进行使用，也是比较复杂的，这一情况反映在三个范畴之中。一是对词所标志的客体的关系和联系的反映，二是对语言特征的关系和联系之间的反映，三是对两种不同的语言体系之间的关系和联系的反映。实际上，当人们掌握语言的时候，已经直接感受到了所有的语言关系和联系，但是，人们并没有意识到这一点，各种各样的语言之间的关系和联系形成了非常复杂的复合体——语感。这样的语感使人们在还没有意识到语言特点的时候就已经掌握了相关的语言。为了使学生高频率接触除课本以外的英语材料，教师通常会引进各种英语报纸、杂志或书籍等，为学生提供拓展阅读，并在英语阅读教学的过程中，不断强化阅读输入。学习的时间越长，学生就会在教师的引导下形成良好的阅读习惯。阅读的输入不仅有利于培养学生的语感，也在潜移默化中提高了他们其他的技能，如口语表达能力、写作能力等。另外，通过阅读英语短文，学生有机会接触地道的英语表达方式，这不仅能够巩固原来的语言知识，还可以学习新的知识，促进学生口语和写作技能的提升。

6. 开阔学生的视野

语言承载了文化的相关信息，是文化的物质承担者。要想真正学好一门语言，就需要多了解所学语言地域的一些风土人情和风俗文化。英语课堂就为学生展现了英美国家的风土人情和风俗习惯，学生通过接触这些文化，可以不断提高自身的文化认识，还可以提高阅读水平。总的来说，英语阅读材料的题材是非常广泛的，涉及风俗习惯、日常生活等，有助于丰富学生的语言知识。学习一门外语的最高境界不是掌握其语法知识与技能，而是把握这门语言的文化精华。英语阅读教学既能让学生的语言知识得以巩固，也能让学生了解国外的历史、文化等，最终使学生的语言素养能够得到一定程度的提升。

（二）阅读教学的混合式教学模式的策略

1. 传统教学方式与新教学理念相融合

进行英语阅读教学的时候，英语阅读可以分为两种，一种是精读，一种是泛读。在进行教学的时候，教师可以根据教学情况、文章的重要程度来对教学模式进行调整，也可以借助互联网针对不同的文章查找不同的教学资源。在传统意义上的教学模式中采用混合式教学模式，也就是使用互联网技术替代教师板书所写的来展示教学重点，比方说，可以使用 PPT 课件。在开展教学的过程中借助互联网技术对教学资源进行合理的应用，可以使学生的注意力更加集中。与此同时，还要和传统意义上的教学模式进行有效的结合，也就是教学的目标必须非常明确，教学的内容非常完善，这样才能把学生非常自然地带入课堂学习之中。教师在使用以互联网技术为基础的英语阅读的混合式教学模式的时候，首先要做的就是转变自身的教学理念，能够清楚地认识到教学资源不只是限于 PPT 课件，教师也不只是播放一下 PPT 课件就可以，还需要发挥自身的能动性，对互联网中的各种教学资源进行合理的运用，使学生通过学习获得较好的学习认知，最终使自身的英语阅读能力得以提升。

2. 构建教学情境，激发学习兴趣

在开展英语阅读教学的过程中，混合式教学模式的使用可以对互联网中的教学资源进行较为充分的运用，从而使情境教学模式建立起来，使英语阅读的文章展现出一定的情境，让学生更加深入地体会其中的情感，进而更好地对阅读的相关问题进行解答。混合式教学模式既能给学生提供较为丰富的教学资源，还能让学生把自身的主观能动性充分地发挥出来，学生通过对互联网技术进行较为充分的发掘和运用，比如利用英语视频等，这样就可以使用平时的闲散时间开展学习，使学生学习的兴趣得到激发。

3. 阅读和写作相结合

随着学生英语方面的阅读量不断增加，其积累的英语写作素材越来越多。所以，在课堂教学中，教师可以对混合式教学模式的在线训练进行合理的运用，借助互联网技术开展教学，使学生的学习水平不断提高。混合式教学模式和互联网技术有效结合，可以使学生的自主性得到充分的发挥，并在自主学习过程中养成

较好的学习习惯。

4.健全相应的软硬件配置

要实施新的教学方法，就需要对其相对应的硬件和软件环境进行合理的配置。学校除了要把能够覆盖整个学校的网络建立起来，还要配置相对应的硬件和软件设施以及相应的激励机制，积极鼓励教师在课堂教学过程中采用混合式教学法。

5.教师转换角色，发挥学生主体性

在传统意义上的英语教学模式中，高等院校的教学把教师当作主体，学生只是被动地接受教师讲授的知识和内容。这样的教学模式只是在一定程度上使学生的做题能力提高了，但和社会发展所要求的人才标准并不一致，在这样的情况下，混合式教学法产生了，其把传统意义上的教学法和网络化的教学法各自的优点整合起来，使英语阅读课堂的内容丰富起来，开阔了学生的视野，既把教师的主导性发挥出来，又把学生的主体性发挥出来。

二、写作教学的混合式教学模式

（一）采取写作教学的混合式教学模式的意义

1.突显学生的主体地位、中心地位

加强混合式教学在大学英语写作教学中的应用，对于提高教学质量起到了很大的促进作用。混合式写作教学突出了学生的主体地位、中心地位。在传统的教学课堂中，教师位于主导地位，容易忽略学生的主体性，不利于调动学生的主动性，进而会影响教学质量。混合式教学模式强调了学生的主体地位，教师在教学中发挥引导者和启发者的作用，借助网络教学和课堂教学融合的方式，传输更多的英语知识。混合式写作教学和传统写作教学模式不同的是，它融合了现实教学和虚拟教学，学生可以在不同的环境下进行学习，教师也可以借助更多的方式来传递更多的资料。比如，在混合式写作教学课堂上，教师可以借助多媒体技术，将写作教学内容更加直接生动地表现出来，有效地提高了教学课堂的趣味性。此外，混合式教学模式也强调任务教学和自主教学，给予学生一定的独立思考时间，更好地培养学生的独立学习能力。

2. 拓宽学生自主学习的空间

加强混合式教学模式在大学英语写作教学中的应用，拓宽了学生自主学习的空间。随着信息技术的发展和普及，当前的教学方式和内容得到了很好的拓展，教师可以通过互联网来获取更多的教学资源，学生也可以通过网络来查找自己想要的写作素材。比如，学生可以通过观看视频的方式来获取相关的写作素材。此外，随着大数据技术在大学英语教学中的应用，教师可以同时将静态和动态的教学内容呈现出来，大大地丰富了教学内容。混合式教学包括教师和学生线上、线下的互动。在课堂上，由于教学时间有限，所以师生的课堂互动时间也十分有限，而采用混合式教学模式，学生可以在线上和教师进行沟通交流，特别是一些性格比较内向的学生，可以通过网络平台和教师进行沟通，及时提出自己在学习中遇到的问题，进而更好地进行自主学习。教师也可以在线上发布写作任务，学生可以自主选用自己感兴趣的题材进行写作。通过构建网上学习平台，学生在课余时间可以随时随地选择自己感兴趣的内容，进行有针对性的学习，有效地巩固自身的英语知识。

（二）写作教学的混合式教学模式的资源库搭建

1. 云课堂课程资源库模块

将每个单元的课程资源库分为纵向和横向两条主线：纵向资源分为课前任务单、课中重点及难点演示（PPT）、课后微练习和拓展资料三个模块。横向资源分为语言基础模块（词汇库、句型库）、听说模块（视频、微课库）和读写译模块（习题库、高分作文库、学生问题作文库）。

2. 英语写作系列微课录制

根据大学高专公共英语写作教学大纲的要求，兼顾全国大学生英语竞赛（B类和D类）及全国大学高专英语写作大赛的要求，英语写作系列微课分别为感谢信、邀请信、道歉信、投诉信、简历、求职信、电子邮件、备忘录、通知、图表作文及漫画作文。这些系列微课分别由学生和教师分工合作共同完成。学生负责相关资料的收集和整理，师生共同商讨微课的设计，教师负责PPT的制作和后期录屏。让学生参与微课录制的目的是让学生在前期收集和整理写作资料时，提前梳理知识，强化学习。同时，也可以让学生充分体会到师生共同合作完成一个项目的成就感和满足感。

3. 混合式学习任务单编写

教师以"趣"设"单"，以"用"为"导"，任务单的设计依据学生的基础从词到句再到段落的进阶式原则进行，其内容包括：课前线上自学目标及重难点、课前线上自学任务及学习手段、课堂教学形式及教学目标预告、课后任务探究及自我评测练习、课后拓展资源链接、课后师生学习效果评价、反思、改进措施。这一任务主要由教师本人按照学生的实际情况编写，其目的在于通过课前预告和预习，课中重点、难点的讲解与讨论，课后智能化与人工相结合的作文批阅，让学生有目的地、系统地、有条理、有步骤地提高写作能力。

4. 课中 PPT 设计

课中的教学 PPT 设计非常关键，因为课中教师的讲解起到承前启后的关键作用，这一环节直接关系到学生对课前基础知识的内化与整合，关系到学生的答疑解惑的效果，关系到学生能否抓住写作的精髓，关系到学生的写作水平能否螺旋式提高，也关系到学生在课后的写作中的自信心和积极性。所以，课堂中 PPT 的设计原则是"直击重点、突破难点、典型问题深入剖析，思路方法两手抓"。每次课堂授课结束后，教师将 PPT 上传至云课堂，可供学生课后复习。

第四节　听说教学的混合式教学模式

一、听力教学的混合式教学模式

（一）听力教学的混合式教学模式的形式

1. "课上""课下"相融合

传统意义上的课上时间用来学习新知识，课下则只能承担预习和复习的功能。而混合式教学则打破了课上、课下及预习、学习、复习的界限，实行课下自学听力内容、完成相关练习题，课上听力方法讲解与复习的课堂策略；联结碎片化学习与系统性学习，记录听力学习的过程和结果，激发学生对听力学习的兴趣，促进学生间的交流协作。而借助于智能移动终端的学习方法又可以将听力学习内容变为"口袋丛书"，学习者可以选择在乘地铁、等公交、食堂排队的任何间隙时间完成教师设计的听力材料，满足了"互联网+"背景下的学生随时随地进行学习的要求，也体现了混合式教学中的在适当的时间进行学习的特点。

2. 固定设备与移动设备相配合

除了听力教室普遍使用的主控台、耳机、音箱、学生台式电脑（或显示器）等固定设备，在混合式听力学习中，智能手机、笔记本电脑、iPad 和便携式音视频播放器等移动设备均可以作为教学设备使用。只要将用于学习的音视频材料、Word 文档、PPT 切割成适当大小，通过数据线或应用软件（微信、QQ）的上传、下载功能就可以将所有听力材料装进移动设备，供学习者进行学习。同时，连接互联网的移动设备还可以依靠应用软件的交互功能，实现教师与学生、学生之间的实时交互。这种在互联网环境中多种教学设备的混合搭配使用则体现了混合式教学中运用适当的学习技术进行学习的特点。

3. 传统教学模式与 E-Learning 相整合

针对现代信息科技的发展以及传统教学模式的弊端，E-Learning（网络化学习）应运而生。而在其兴起后的 20 多年的时间里，人们发现了这种新型学习模式也有着自身无法逾越的弊端，并且逐步认识到 E-Learning 并不能完全代替传统的课堂，因此，应该将二者有机地结合起来。具体应用于英语听力教学中，则应该利用 E-Learning 的自主、灵活和信息容量大等特征来完成课前知识点的学习和课后练习与测评，利用传统课堂集中、交互和高效的特点来完成知识点、听力策略的讲解以及具体答疑，使两种教学模式互为补充，相得益彰。这种学习方法既符合教育教学规律，又能够迎合"95 后""00 后"学生乐于使用网络、崇尚个性化学习的需求，该方法成为听力教学中的一种适当的学习风格。

（二）听力教学的混合式教学模式的策略

1. 加强利用 TED 资源

TED（Technology Entertainment Design）是美国的一家私有非营利性机构，

宗旨是"用思想的力量来改变世界"。TED演讲的领域已从最初的技术、娱乐、设计三个领域扩展到了各行各业，演讲者涉及科学家、哲学家、艺术家、探险家、心理学家、语言学家、宗教领袖、慈善家等。每年3月，TED大会在美国召集众多科学、教育、商业、环保、设计、文学、音乐等领域的杰出人物，分享他们关于技术、社会、人的思考和探索。

第一，提供了大量的真实语言材料，这与传统的音频大相径庭。学生平时上课接触的语言材料大多是请母语者在录音棚里录制而成，尽管保证了语音的纯正，但是缺少了交际的真实环境。

第二，演讲主题包罗万象，与"语言学习就是一部百科全书"的观点不谋而合，确保了语言输入的广度。

第三，演讲者均为讲授领域的佼佼者，传达的信息性和思想性都很前沿，有助于提高英语专业学生的思辨性。

第四，TED官网上发布的演讲视频一般都在15分钟左右，短的10分钟以内，长的20分钟，这与当下翻转课堂教学视频的时间相吻合。

第五，演讲者来自世界各地，各种口音及真实的情境交际可以让学生真真切切地领悟眼神、手势、面部表情、语速、声音、重音、停顿等传达的副语言及文化信息。

第六，TED官网提供的视频均无字幕，但在视频下面有一个独立的互动文稿，并同步显示演讲者的话语。这种技术的支持使学生可以选择听的方式，如视频、视频＋字幕、先视频再字幕后视频等。

第七，TED官网的可及性使得听什么、何时听、如何听成为现实。实现了学生制定目标、选择内容、控制学习进度的自控式学习。

TED视频最大的优点是能提供给学生纯正的、未加工的英语交际情境，通过语言形式，思想内涵、技术支持保证听力翻转课堂的运行。

2. 应用多样化教学工具

（1）英语歌曲欣赏

在学习之余，欣赏英语歌曲一来可使得身心放松，营造一个轻松的学习氛围；二来可使学生学习到英语歌曲中的一些表达方式和用词，同时还可以学到一些英语发音的技巧等，可有效地激起学生的学习兴趣和动力。平台上的英语歌曲应该具有一些当地的文化特点，也可以是一些歌词有意义的歌曲；教师可以先让学生大致了解歌词的内容及旋律，再以填空、听写、提问、判断、排序等形式在平台上出题。

（2）影视作品欣赏

电影中丰富的故事情节牵引着学生，使学生主动融入其中，了解当地的风俗习惯，还可以消除他们心中的紧张感，有效帮助他们吸收知识、提高听力水平。当达到聚精会神、完全投入的状态后，学生会很主动地跟着电影里的声音去说、去学。在之后的课堂英语讨论和交流的过程中，平常不敢交流的学生可能也会受电影的影响而发表自己的观点。

（3）英语竞赛视频

在平台上有一些优质的竞赛演讲视频，学生可以感受演讲时的语音、语调和优秀演讲者的语言表达及他们的应变方法。在提高听力的同时也可以学到一些演讲技巧。多听不同的声音，多从不同的角度看问题能更好地提高大学生的英语听力理解能力。

二、口语教学的混合式教学模式

（一）口语教学的混合式教学模式的价值

1. 促进课程设置更加科学合理

众所周知，当大学的英语四级考试和六级考试把英语口语纳入测试范围之后，我国的各个高校都开始逐渐重视起英语听力以及英语口语方面的教学。在未来的发展中，各个高校应该大力倡导设置专门的口语课，从而使学生接受比较专业的口语教学。

2. 促进口语混合式教学平台的构建

在实际的大学英语口语教学中，高校应该紧跟时代的步伐，依托先进的网络技术，不断开发和建设相应的大学英语口语网络教学平台，并调整传统的授课形式。高校对英语口语教学可以采用课堂教学和网络授课教学这种线上和线下相结合的模式，从而不断丰富英语口语教学的途径和资源，为学生提供更加真实的和多种多样的英语学习环境，从而促进学生的个性化发展。

3. 促进口语测试和评价反馈系统优化

在学生的英语口语教学中采用网络教学和测试平台，能够使学生通过网络上的口语测试模式更加熟悉正式的口语测试模式。学生可以充分利用网络资源提供的听力训练和口语训练不断提升自己的能力，然后采用网络平台提供的测试和评价体系来对自己的英语口语水平进行测试，并找出自己的薄弱环节，加强练习。高校也应不断调整和优化大学英语口语测试和评价反馈系统。

总而言之，混合式教学模式在应用于高校英语口语教学的过程中，应充分依托先进的网络平台和网络教学资源，这可以有效地优化高校的英语口语课程设置，使高校不仅重视学生的英语阅读教学，还重视学生的英语口语教学，不断提升学生的英语综合应用能力，同时提高学生的英语自主学习能力和实践能力。

（二）口语教学的混合式教学模式的策略

1. 混合有形课堂与无形课堂

在信息技术快速发展的时代，应该在高校的英语教学中充分应用和发挥先进的网络技术和互联网平台优势，把线下高校英语课堂教学和线上虚拟的英语网络教学结合起来，大幅度提高英语的教学水平，尤其是高校的英语口语教学。将互联网应用到语言学习中，可以使语言学习的过程更加有趣，更加能够吸引学生的注意力。

在高校传统的英语课堂中，学生都在教室内上课，这样学生之间就可以进行面对面的英语交流和沟通，而在网络平台上开展英语教学也具有显著的优势，具体体现在两方面：第一，网络平台能够为学生的英语学习提供海量的英语相关资料；第二，在网络平台中，师生之间和学生之间有很多种不同的交流工具和方式，这样他们之间的交流就能够不受时间以及地域的限制，学生在网络中可以自主学习并自由地与教师或者同学交流看法。有形课堂与无形课堂的混合式建构就可以充分发挥传统课堂和网络平台的优势，提升教学的效果。在教学中，要想提高学生的英语口语水平，教师除了要在课堂中为学生讲明白口语相关的基础知识外，还需要为学生提供大量的真实语言训练环境和机会。教师可以指导学生以小组为单位在真实生活中进行英语练习，并建立一些微信群、QQ群等及时为学生的练习提供适当的帮助和指导，从而加强学生的英语口语训练。

2. 混合多样化教学方式

在信息技术时代，高校的英语口语教师在教学中可以尝试多种不同的英语口语教学方式，如合作教学、探究教学等。英语教师采用多样化教学方式的混合式建构不仅能够大幅度提升学生的英语口语水平，还能够激发学生学习英语的兴趣和主动性，这是师生之间的一种良性的互动和发展。具体的实施过程如下：

在英语口语课堂教学开始之前，教师就可以把自己制定的本节课的预习任务发布到相应的英语口语网络教学平台上，这样学生就可以自主下载本节课的预习任务。学生既可以单独完成教师布置的预习任务，也可以和其他同学合作以小组为单位来完成预习任务。这为口语课堂教学做了充分的准备，能够使学生在英语口语课堂教学中有足够的时间练习英语口语。在学生的预习过程中，教师要通过各种渠道为学生提供及时的指导。在具体的课堂教学中，学生可以根据自己从网络平台上下载的和本节课学习主题相关的视频或者音频资料进行英语口语学习和练习，学生在课堂上可以选择多样化的英语口语练习方式，如为经典的剧集配音、模仿名人的英语发音和风格等，从而训练和优化自己的发音技巧。学生在课堂上还可以以小组为单位分析和讨论一些具有争议性的话题，如热点新闻等，这样每个小组成员都能够运用英语各抒己见，练习英语口语表达。在这个过程中，教师要仔细观察每位学生的英语口语输出情况并提供及时的、针对性的指导意见和点评。在英语口语课结束之后，教师更应该充分利用网络平台督促和监督学生的英语口语学习活动。教师可以在网络教学平台中为学生适当布置一定的英语口语学习任务，并通过微信群或者QQ群等方式与学生进行及时互动，解答学生在英语口语学习中遇到的困惑并时刻监督学生的口语学习。如此一来，在互联网技术的帮助下，教师就逐渐成为学生英语口语学习的引导者和督促者。

3. 混合多形态教学资源

在传统的英语口语教学中，教师通常在上课之前就会下载相关的教学资源。由于教师在下载的过程中可能会遇到下载权限的问题，因此，教师下载的资源并不是很齐全。在"互联网+"的背景下，师生之间不仅可以共享大量实用的网络教学资源，教师也能够亲自制作一些相关的微课视频，方便学生自学。学生在课下也可以把自己英语口语的对话练习、口语模仿短片等资源上传到网络教学平台上，供其他学生参考和学习。随着信息技术的飞速发展，英语教师在口语课堂中还可以实现远程直播等，为学生的英语口语练习提供真实的、生活中的语言环境。在课堂之余，英语教师还可以利用微信群等方式将相关的英语口语学习资源群发给学生，丰富学生的资料来源。

4. 混合多元化教学评价

在高校传统的英语口语教学评价过程中，通常都是由教师来评价学生的口语学习成果，因此在具体教学中，最为常见的对学生英语口语的评价方式就是终结性评价。然而在"互联网+"的背景下，高校教学更加注重学生的个性化发展，因此，应该采用多元化的教学评价方式评价学生的口语水平。众所周知，学校开展教学评价的主要目的就是检验高校的教学效果并及时检验学生的英语学习情况，从而根据教学中出现的问题及时调整教学安排。在"互联网+"的背景下，我国高校的英语口语教学评价可以采用多种不同的方式，如线上和线下评价相结合、形成性和终结性评价相结合等，从而更加准确、全面地评价每个学生的英语口语学习情况。多元化的教学评价方式也能够帮助教师更加全面、深入地了解每位同学的状况，方便教师因材施教。

具体来说，在实际的英语口语教学中，教师应该关注每位学生并及时收集每位学生的音频资料、相关的重要视频资料，口语活动中的表现和参与度、课堂中对教师的问题的理解和回答、完成作业的情况等各种信息，教师可以按照一定的比例对这些内容做量化处理。这些也可以成为学生英语口语成绩的一部分。除了教师的英语口语评价，教师还应该积极鼓励学生参与评价。学生既可以对自己的英语口语情况进行自评，审视自己，也可以以小组为单位请小组内其他同学评价自己的英语口语成果，实现小组互评。这样经过教师的评价、学生的自评以及同学之间的互评后，学生就能更加清晰准确地了解自己的英语口语情况，从而进行不断调整和改进。在先进的信息技术的支持下，多元化教学评价的混合式建构能够调动学生学习英语口语的积极性和主动性。

第五节　翻译教学的混合式教学模式

一、翻译教学的混合式教学模式的优势

（一）学习资源具有多样性

除传统的课件、案例、拓展读物等静态教学资源外，混合式教学课前资料还包括教师利用网络技术录制或引入的微课视频、音频、动画等动态资源。这些动态资源并不是简单地将传统课堂内容以视频、音频的形式呈现，而是有着明确的教学目标和较强互动性的在线资源。相比起传统的教学资源，混合式教学资源为学生提供了更齐全、更完备的学习素材，不同的学生可以根据自身的基础水平和学习需求选择适合自己程度的学习资源，从而做到因材施教。

（二）学习时间具有自主性

混合式教学为学生提供的网络学习平台拓展了学习的时间。学生可以根据自己的实际情况选择不同的学习时间、学习地点、学习进度等，对于自己感兴趣的学习内容或者还未理解透彻的内容还可以反复观看和学习。这样，学习时间的弹性化和碎片化让学生拥有更多的学习自主权。同时，网络学习平台都会自动记录其学习时长、是否参与讨论等情况，方便教师和学生自己掌握学习动态。

（三）学习过程具有互动性

课前，学生在混合式教学的网络学习平台可以提交学习笔记，并对教师推送的课件进行评价和提问，而教师端可以依托网络平台给予及时的查看、解答和交流。课中，由于学生已在课前做了预习，教师讲授的时间可以大大缩短，为学生进行小组讨论、组间 PK、成果展示等课堂活动争取了更多的时间，学生间互动可以更加深入和充分，教师点评环节的师生互动也更加有效。课后，学生完成线上小测，或者通过图片、PPT、小视频等形式提交小组作业，由网络学习平台自动评分或教师手动评分及点评完成有效的师生互动。

（四）考核方式具有客观性

混合式教学借助信息化的教学手段动态追踪学习过程，随时监控，并通过系统自动评分、组内互评和教师评分三者相结合的方式对学生的学习做出过程性及终结性的评价，比起传统的翻译课堂评分更能客观公正地反映学生的学习状态和学习效果。这种多元化、立体化的评估模式更能充分调动学生学习的主动性和创造性。

二、翻译教学的混合式教学模式的建构

（一）建立网络教学平台

英语课程要依托慕课、微课、微信、QQ、云盘、移动 App 等移动互联网工具及技术搭建网络教学平台。该平台包括教师管理平台、学生管理平台、教学资源平台三个方面。教师管理平台主要负责课前布置学习任务、进行师生交流、加强教学管理、完成教学评价等，学生管理平台负责接收学习任务、师生在线问答、小组协作探究、学生互动交流等，教学资源平台负责上传教学材料、上传微课视频、推荐手机 App、推送慕课资源等。师生通过网络教学平台开展传统课堂教学和网络在线学习，完成预习、授课、讨论、复习等各个学习环节。网络教学平台有利于学生获取优质的学习资源，参与课堂教学活动；教师也可以完成指导、监督、评估等教学任务。

（二）教学设计及教学环境

在混合式英语教学中，教师既不能完全放弃传统的教学方法，又要为学生提供一个网络教学平台。学生可以通过课上和课下两个途径学习英语，从而提高自己的英语能力。

传统的教学模式已经不能够满足现在高校英语的教学需求，因此，原本的以教师为中心的传统教学模式需要做出改革。在网络技术的支持下，高校英语教学开始变革，开始重视学生的主体地位，这是高校英语教学的重大变化。在高校英语教学中，使用最多的还是多媒体技术和网络技术，多媒体技术和网络技术可以

帮助教师在课堂上灵活地安排时间，调用学习资料，使师生之间的交际范围更广。另外，教师在利用学习资源的时候，也从原来的机械搬运变成了现在丰富多彩形式的呈现，给学生带来更多的视觉冲击，这能够极大地激发学生学习英语的兴趣。教师在进行网络教学时，不能仅仅将网络当成教学工具，教师还要教会学生关于网络的使用知识以及鉴别信息的方法，帮助学生形成完整的人格。因此，信息技术辅助高校英语教学不仅能够在教学上带来极大改变，而且对学生的思想也会产生很大的影响，教师的正确引导会给学生的学习带来更大的收获。一些在线学习App还可以使学生随时随地进行学习，从而使学生充分利用碎片化的时间，这对英语学习来说是十分有利的。

信息技术在高校英语中的应用不仅对教师的角色进行了重新定义，而且将教师的角色向外延伸了很多。网络教学平台、多媒体教学设施都在高校英语教学中发挥了巨大的作用，使高校英语教学从原来的课堂讲授模式变成现在的丰富形式。教师利用网络上丰富的教学资源，确定最优的教学计划，按照教学计划和教学目的从网络上寻找适合学生学习的教学资料，形成具有特色的教学课件。高校还要为学生提供完善的硬件和软件设施，为学生打造良好的学习环境，使学生能够最大限度地学好英语。另外，高校可以多为学生争取一些英语实践锻炼的机会，使学生在实际的语言环境中锻炼自己的英语能力，这对提高学生的英语水平大有帮助。

（三）构建动态化评估机制

在混合式英语教学中，主要还是在互联网的基础上开始的教学和学习，因此，在这个过程中会产生很多数据，这些数据可以清晰地反映学生的真实学习情况，并且教师通过对这些数据的分析，可以掌握学生的学习效果，从而对学生在学习中出现的一些问题进行收集，然后将收集起来的数据用作评价的材料。在对学生的学习效果进行分析的过程中，需要进行全面的评价。尤其是在教学中，计算机上有很多学生的数据，这些数据可以作为评价的参考，从而对学生做出客观、科学的评估。

在翻译教学中，混合式教学方法的使用对教学过程有系统的支撑。据此，英语翻译教学评价需要高度关注大学英语个性化教学的整个过程，如对教学目标进行设置、对教学内容进行安排、挑选恰当的教学方式以及教学管理等。教学活动中，学生在课堂上的表现或是思维品质以及师生关系的变革等这些因素关系个性化、系统化、自主化教学最终的效果。所以，混合式教学评价需坚持以过程为导向。评价不仅要注重结果评价，还需对混合式教学过程做好评估，保障学生学习评价的实效性、可靠性，从根本上实现智慧教学的目标。

第六章 高校英语教学创新模式之任务型教学模式

本章的主要内容为高校英语教学创新模式之任务型教学模式，以此从任务型教学模式概述、语法教学的任务型教学模式、读写教学的任务型教学模式、听说教学的任务型教学模式、翻译教学的任务型教学模式展开阐述。

第一节 任务型教学模式概述

一、任务型教学模式的含义

任务型教学模式是使学生在真实的学习情境中带着任务进行学习，并持续驱动和维持学生学习兴趣和动机的一种学习模式。任务型教学法是教师根据特定的交际方法和语言项目，设计出具体的、可操作性的任务，学生通过表达、沟通、交涉、解释、询问等众多语言活动形式来完成教师布置的任务，以达到学习和掌握语言的目的。任务型教学模式是在吸收以往多种教学方法优缺点的基础上形成的，它和其他的学习方法相辅相成、共同促进，彼此之间并不排斥。任务型教学模式是在 20 世纪 80 年代，语言交际法被广泛采纳的社会大背景下产生的。

任务型教学法是英语教学界提出的过程教学大纲的产物，其基本观点是通过课堂教学让学生和教师共同完成某些任务，使外语学习者自然地习得语言，扩展英语体系和促进英语学习进步。任务型教学法旨在把语言学习真实化，把课堂学习活动社会化。通过教学任务的学习，而非单独依靠一套教材、书本练习或者教师讲解，可以让学生体验教师是如何运用语言做事或处理矛盾的。在课堂上，教师可以给学生设置任务，让他们设法用所学语言去解决问题，从中学会处理人际交往中的信息偏差、推理偏差以及观念偏差等问题。

任务型教学法强调的是学生的习得过程和知识建构过程，要求学生由外部刺激的被动接受者和知识的被动灌输对象转变为信息加工的主体、知识意义的主动建构者。教师在设计任务时，应将自己由知识的传授者和灌输者转变为学生主动建构意义的帮助者、促进者，鼓励学生以交流参与的学习方式进行学习。在教学活动中，教师应当围绕特定的、符合真实生活的交际和语言项目，设计出具体的、可操作的、实用的、趣味性较强的、连贯性的任务，引导学生通过各种语言活动形式来完成学习任务，以达到学习和掌握语言的目的。

二、任务型教学模式的特点

关于任务型教学法的特点，很多专家、学者都对此进行过论述。以下将列举其中的几位的观点：

（一）纽南的观点

纽南将任务型教学法的特点归纳为如下几点：[①]

（1）强调通过交流来学会交际。

（2）将真实的材料引入学习环境。

（3）学生不仅注重语言的学习，而且关注学习过程本身。

（4）把学生个人的生活经历作为课堂学习的重要资源。

（5）试图将课堂内的语言学习与课堂外的语言活动结合起来。

（二）布朗的观点

布朗（Brown，H.D.）将任务型教学法的特点归纳为如下三点：

（1）将任务视为教学法的焦点与中心，以"任务"为核心单位计划、组织教学，通常一个任务组成一个独立的教学单元，全部教学活动围绕任务进行，服务于任务的完成。

（2）采用任务大纲，以任务为单位组织教学单元，以任务的完成为教学目标。

（3）视学习过程为一系列直接与课程目标相联系并服务于课程目标的任务，

---

① 纽南.任务型语言教学 [M].北京：外语教学与研究出版社，2011.

其目的超越了为语言而练习语言。

（三）鲁子问、康淑敏的观点

鲁子问、康淑敏将任务型教学法的特点总结为如下三点：①

（1）任务型教学法不仅重视培养学生的交际能力，更强调培养学生综合运用语言的能力。

（2）任务型教学法强调学习过程，通过引导学生完成真实的学习任务积极参与学习过程，培养运用英语的能力。

（3）任务型教学法认为，培养学生语言运用能力固然重要，但也不能忽视语言知识教学，即倡导以语言运用能力为目的的语言知识教学。

（四）肖礼全的观点

肖礼全将任务型教学法的特点概括为如下两点：

（1）以任务为主要课堂教学活动，使学生在接受任务、执行任务、检查任务的过程中学得和习得目的语。

（2）强调以完成任务为表层目的、以学得和习得目的语为深层目的的学生自主学习与合作学习。

（五）王英鹏的观点

王英鹏将任务型教学法的特点归纳为如下三点：

（1）把培养学生用目的语交际的能力放在教学的首位。具体来说，教师围绕特定的交际目的和语法项目，设计出操作性强、任务化的教学活动，使学生通过多种语言活动完成任务，从而达到学习语言和掌握语言的目的。

（2）采用任务大纲，以任务为核心单位计划和组织教学，以任务的完成为教学目标。

（3）反映了语言交际思路和英语教学目标与功能的转变，体现了英语教学从以教师为中心转变为以学生为中心，从关注教法转变为关注学法，从注重语言本身的学习转变为注重语言习得方式和语言习得者。

---

① 鲁子问，康淑敏．英语教学方法与策略 [M]．上海：华东师范大学出版社，2008.

三、任务型教学模式的构成

（一）目标

学习任务首先必须具有明确的目的，即学习活动应该具有较为明确的目标指向。这种目标指向具有两重性：一是任务本身要达到的非学习目的，二是利用任务所要达到的预期的学习目的。但是，任务型教学所期望达到的目标，则是旨在通过完成任务的过程，以对该过程中所产生的语言交流感受有所体会，进而增强学生的语言意识，提高学生的交际能力，并在语言交际过程中学会应用诸如表示假设、因果关系，或"肯定""可能""也许"等目的语言表达形式。由此可见，任务型教学法作为促进学生学习的重要方法，教师应该更多地关注教学目的。

（二）内容

任务型教学法的这一要素，可简单地表达为"做什么"。任何一个任务都需要赋予实质性的内容，任务型教学法的内容在课堂上的具体表现，即学生需要履行的具体行为和活动。

（三）程序

任务型教学法的程序是指学生在履行某一任务过程中所涉及的操作方法和步骤，任务在一定程度上表现为"怎样做"，它具体包括任务序列中某一任务所处的位置、先后次序、时间分配等内容。

（四）输入材料

输入材料是指学生在履行任务的过程中使用和依据的辅助资料。输入材料也可以采取语言形式，如新闻报道、旅游指南、产品使用说明、天气预报等；输入材料也可以采取非语言形式，如一沓照片、图表、漫画、交通地图、列车时刻表等。尽管部分课堂任务并不一定都要使用或依据此种类型的输入材料，但是在任务型教学法的设计过程中，通过提倡运用此种类型的材料，可以使教学任务的履行更具有操作性，同时能够使学习任务与学习行为更好地结合在一起。

（五）教师和学习者的角色

任务型教学法并非都要明确教师和学生在教学任务中所要履行的角色，但教学任务大多会暗含或反映教师和学生的角色特点。教师既可以是学习任务的参与者，也可以是学习任务的监控者和指导者。在学习任务的设计过程中，设计者需要考虑为教师和学生做出明确的角色定位，以使学习任务能够顺利高效地完成。

（六）情境

任务型教学法的情境要素是指学习任务所产生和执行的环境或背景条件，具体包括英语语言的交际语境，同时也牵涉课堂任务的组织形式。教师在教学任务的设计过程中，应尽量使任务情境接近于真实，以提高学生对语言和语境之间的关系意识。

第二节 语法教学的任务型教学模式

一、语法教学的任务型教学模式的价值

（一）增强教师的教学能力

从教师的教学工作量上来看，在英语语法教学中运用任务型教学法会增加教师的备课工作量，因为任务型教学法在高校语法教学中的运用，要求教师非常熟悉教材和教学内容，并且要对学生群体的个性和需求进行全面的了解，并且要求教师能够以不同的教学内容为依据，设计出不同难度、不同类型的教学任务。同时，由于教材已经无法满足教学的要求，这就需要教师对教材进行分析与补充。运用任务型教学法也能够成为一种动力，提高教师的教学素质，教师在将任务型教学法运用到英语语法教学的过程中，需要对教学方法进行深入研究并设计教学任务和教学方案，在研究任务教学法、扩充教学内容、设计教学方案的过程中，教师的教学能力可以得到进一步提升，同时也能够调动教师教学的积极性。

（二）增强学生英语实践能力

在高校英语语法教学中运用任务型教学法，能够使学生在任务的驱动下进行语法学习，有助于增强学生的学习热情和参与语法教学的积极性，同时也有利于学生在英语语法学习中发现自己的兴趣点，通过对兴趣点的挖掘，学生能够树立学习英语语法的兴趣动机。在任务的驱动下，学生能够有目的性地进行英语语法学习和实践，而在完成阶段性任务的基础上，学生学习英语语法的成就感和信心也会得到进一步提升。所以，通过在高校英语语法教学中运用任务型教学法，学生的兴趣、信心以及自主性能够被充分调动起来并实现英语语法学习质量和效率的提升，从而实现学生英语实践能力的提高。

二、语法教学的任务型教学模式的步骤

任务型教学法注重学生的主体性，以任务为中心，并根据学生的实际情况设置任务，在让学生完成任务的过程中调动学生的学习内驱力，锻炼学生发现问题、解决问题的能力，培养学生的合作意识，发挥学生的潜能。英语语法教学中运用任务型教学法，有利于锻炼学生的语法运用能力，促进跨文化交际能力的提高。

具体而言，任务型语法教学可以通过以下步骤开展：

（一）任务前的阶段

在实施任务前，首先要进行准备工作，这是确保任务有效进行的基础。在此阶段，教师的主要任务是让学生了解任务的主题以及要达到的目标。教师可通过不同的方式引入主题，如图片展示、组织学生进行讨论等。

此外，教师在这一环节还要预测并解决任务中可能出现的问题，如教师可以提供某些词语或词组，让学生听录音或听课文等。这些准备对帮助学生回忆词语，有效完成第二阶段的活动十分有利。例如，教师可以布置巩固一般将来时用法的任务，组织学生以"My Dream"为题目写一篇文章。

（二）任务中的阶段

准备工作结束后，就要着手开始实施任务。任务中可分为以下三个环节：

第一环节是执行任务，教师可以组织学生以结对子或分小组的形式完成任务。学生可运用所学的知识表达思想，内容可以围绕与主题相关的材料进行。教师可给予学生必要的帮助，但不能干预学生的活动或对学生的错误进行纠正。在这一过程中，教师可引导学生就"My Dream"这一题目进行构思。

第二个环节为策划，学生可以草拟或预演下一环节的书面内容或要说的话。教师可依据学生的活动情况提供帮助，学生此时也可向教师提问。

第三个环节是报告，即学生对自己的任务完成情况向教师汇报，教师针对学生的汇报内容进行点评。

（三）任务后的阶段

在任务完成后，应对语言点展开分析和练习，使学生了解语法规则，并通过练习巩固所学内容。这里的分析并不是指语法分析，而是教师根据课文设置一些与语言点相关的任务。

具体来讲，教师可分析学生运用一般将来时时是否存在错误或表达不妥的问题。对于练习，教师可以根据具体教学内容组织学生进行各种练习活动，如朗读词语、完成句子等，从而使学生内化和巩固语法知识。

第三节 读写教学的任务型教学模式

一、阅读教学的任务型教学模式

（一）阅读教学的任务型教学模式的原则

1. 循序渐进原则

英语阅读课任务设计需要在由简到繁、由易到难、层层深入等方面下功夫。任务型教学要按照不同学生的水平，设计出不同的任务化活动，是通过一项、一组或一系列的任务来实现教学目标的。这些任务既不是孤立地穿插于教学过程中，也不是毫无联系地堆积在一起，而是具有一定的内在联系。具体来说，每项任务都以之前的任务为基础，同时每项任务又是后续任务的出发点。这样，每一课、每一教学单元以及每个学期的任务就形成一个"任务链"，帮助学生循序渐进地达到预期的学习目标。因此，英语阅读课要采用循序渐进原则，先由初级任务再到高级任务，然后由多个微任务构成"任务链"。

2. 以学生为中心原则

在英语阅读课任务的设计中，应以学生为中心组织教学，但是不能忽视任课教师在课堂教学中的地位。教师不能机械地向学生输入教材的信息，而要积极担任英语阅读课任务的设计者、组织者、引导者、鼓励者。教师要与学生相互合作和交流，一起圆满完成英语阅读课教学和学习任务，并让学生能够有意识地发挥其内在学习动力，帮助学生提高英语阅读的学习水平。

3. 真实性原则

许多学生可以在英语考试中取得满意的成绩，但是在实际的英语运用中表现欠佳。更进一步地说，学生对一些表达方式可能非常熟悉，但是不能使用这些方式准确、恰当地表达自己的想法，即无法实现其语言功能。

在阅读教学过程中，使用任务型教学法时应当在语言形式与语言功能之间建立起联系，让学习者在使用语言形式时能感受到语言的功能以及语言与语境的关系，从而提高学习者语言表达的得体性。

（二）阅读教学的任务型教学模式的策略

1. 重视阅读理解的过程

在当前应试教育的大背景下，英语阅读教学同其他大学课程的教学模式一样，英语教师和学生的注意力大部分集中于阅读教学的成果和效率上。对于阅读理解中的理解一词，则完全被英语教师和学生忽视，但是他们不知道，如何完善与监控阅读的理解过程才是英语阅读教学是否成功的关键所在。为了让学生学会怎样去理解，英语教师可以从学生对自我的检测出发，鼓励学生同教师进行理解方法的探讨，这也正是理解过程和认知过程的有效结合。具体而言，英语教师不要在学生读完一篇文章后再去提问有关理解性的问题，而是应该示范学生应该如何去理解文章的整体思想。英语教师需要引导全体学生一起参与阅读，一起讨论怎样理解文章内容，这是提高英语阅读教学效率的必由之路。以英语阅读教学中的短篇推理故事为例，对于此类文章，英语教师可以引导学生对文章内容进行推测，并鼓励学生说出自己对故事情节的推测和理解。同时，这一理解过程应该伴随在阅读的全部过程之中。

2. 提高阅读速度，强调流畅阅读

高校英语阅读教学大多存在一个困难，就是学生即使具备了阅读能力，但是在具体阅读过程中仍然不能流畅阅读。当我们把教学重点放到如何加快学生的阅读速度时，由于过分强调其准确性，反而阻碍了阅读过程的流畅性。上述情况要求英语教师在教学中找到一个合理的平衡点，既帮助学生提高阅读速度，又帮助学生提高阅读技能。英语教师需要时刻清楚，在阅读教学过程中所培养的学生的阅读速度，最终目的是培养学生英语阅读的流畅性。阅读的过程不应该被词汇识别任务束缚，英语教师应该让学生准备更多的时间去研究所读的内容和英语语言背后的文化价值。

反复阅读是提高阅读速度的重要方法之一，学生对一篇文章进行反复阅读，直至达到标准的阅读速度和理解程度。例如，学生可以尝试两分钟之内读四遍有100词的段落。学生参与反复性阅读的练习，就会意识到该练习是如何提高自身的阅读能力。快速读两遍比慢读一遍更能够加深对于文章内容的理解，这就是英语阅读教学过程中有效提高学生阅读能力的重要方法。同时，此方法也能够提升学生对阅读速度的重视程度。

3. 重视有效的阅读策略的传授

学习策略是学生主动运用一系列创造性的方法解决问题的手段。学生在英语阅读学习中，为了达到阅读学习的预期效果，教师教会学生使用与阅读过程相匹配的阅读策略十分必要，所以如何传授阅读策略，就成为英语教学中应该被教师重点考虑的问题，完善学生阅读策略的重要方法，就是要求学生在阅读过程中描述自己的阅读过程和阅读思维。在阅读课上，教师要求学生相互交流阅读思维过程，才能让学生更好地意识到阅读策略的存在。需要注意的是，除了传授有效的教学策略，英语教师更要检验学生阅读策略的使用情况。例如，指导有声思维，能使学生识别其阅读时使用的策略。试着让学生回答以下五个问题：

（1）自己正在做什么？

（2）使用怎样的阅读策略？

（3）为什么选用这种阅读策略？

（4）使用这种阅读策略的效果如何？

（5）如果想要达到预期的阅读学习目标，是否可以使用其他阅读策略？

在回答了上述五个问题以后，英语教师可以让学生进行交流学习，了解彼此所使用的阅读策略。

二、写作教学的任务型教学模式

（一）写作教学的任务型教学模式的优势

1. 强化了交流语言的应用

在过去的大学英语教学中，教师为了提高学生的成绩，鼓励学生套用模板进行写作，忽视了交流语言的应用。利用任务型教学法进行大学英语写作教学，学生更多地使用交流语言，更加关注语言的实际意义，而非语言的语法结构。在任务活动中，学生将英语作为一种交际工具。学生在英语课堂中用英语进行交流，将英语应用于自己的交际中，会提高学生的英语表达能力，并促进学生英语思维的形成。在交流中，学生会用到日常问候、介绍以及提问、回答类的语言，学生的语言技能得以积累。任务型教学法将英语作为课堂的中心，让学生用英语完成任务，有利于优化学生的写作思维。

2. 培养了学生实际的能力

许多毕业生虽然在大学期间学习了英语，但是在毕业后很少能够用英语去完成一些实际任务。利用任务型教学法教授学生，学生会被自己的英语学习目标激励，在课堂中尽可能用英语去做多种活动，积极地互动。在课堂中为学生安排英语写作任务，接触不同的英语写作话题，在任务完成过程中接触不同的观点，能够促进学生思维更加开放，使其完成真实任务的能力得到提升。

3. 帮助学生多语境应用英语的能力

任务型教学模式在大学英语写作教学中的实施，能够优化大学英语写作教学设计。每一位学生都有个性化的思维，他们对于同一事物会做出不同的反应。没有教师可以保证学生能在面对同一个任务时做出完全一致的反应，学生的这些差异正是任务型教学活动的重要资源。在任务型教学法中，学生会利用自己的观点去阐述某一事物，对任务有不同的理解。学生英语写作想法的百花齐放，让一个英语写作主题迸发出更多的语境，扩展了学生的英语写作学习视野。

（二）写作教学的任务型教学模式的策略

1. 明确任务型教学模式的应用目标

任务型教学模式在大学英语写作教学中的应用，就是要让学生在相对真实的场景中进行写作，用写作去解决场景中的问题，从而丰富学生的语言知识，锻炼学生的英语语言技能，让学生的英语思维得以形成。任务型教学活动的实施，能够丰富学生的课堂交流与合作，更能让学生获得真实的英语写作学习体验。用任务型教学法给学生打开了一扇英语学习的窗户，能够强化学生的英语学习动机。在大学英语写作教学中，教师要明确任务，让学生了解自己要做什么，在完成任务之后应当学会什么，而教师也要围绕培养学生英语语言能力和思维能力、实践能力的目标进行教学设计。

2. 激发学生的学习兴趣

对于学生来说，学习兴趣是最大的学习动力，也是学生最好的老师。在高校英语写作教学中，教师要重视激发学生的学习兴趣，设计一些学生喜爱的活动，让学生具有英语写作学习的欲望。在大学英语写作课堂中，教师必须具有强大的教学组织能力和课堂驾驭能力，给学生最大限度的自由，让学生去想象、去创新、去发挥。大学英语写作教学中的任务，应当具有很强的可行性，符合学生的英语学习水平，难度适中。过于简单的学习任务，会让学生觉得英语写作学习没有挑战性；太难的任务又会让学生自我放弃，没有学习的信心，失去写作学习兴趣。要提高大学生的写作能力，教师要组织学生进行语言交际，让学生用更多的交流语言去写作，从而减少母语对学生英语写作的干扰。教师要求学生在完成任务的过程中讲英语，营造良好的英语写作学习氛围。

教师可以针对大学英语四级某一写作题目设计科学、合理的任务，帮助学生减轻英语写作的心理压力，激发学生的兴趣。在任务型教学活动中，教师没有必要在课堂一开始就给学生看题目，而是将题目转化成为任务。在教学中，教师可以先用多媒体给学生展示一张中国导游带领外国游客旅游的图片，让学生对图片进行描述。然后，教师向学生阐述任务：假设你们是这位导游，你们怎么欢迎外国友人，带他们去什么地方旅游，旅游的一天如何安排呢？想象你们就是导游，老师和其他同学是外国游客，带领我们去一个你最中意的地方吧。学生接到任务之后，会快速确定一个旅游地、组织欢迎语、计划行程。教师可以让学生3—4人一个小组，在小组内进行练习，并评选出一个最佳导游在全班面前展示。这样的活动能够激发学生的兴趣，学生没有写作的压力，能够更好地发挥自己的语言能力。在学生展示完成后，教师再让学生静下心来去回顾，组织语言，展示题目，完成写作。

3.适当转化角色

任务型教学法重视学生的主体地位，强调学生主体作用在课堂上的发挥。每一个英语写作任务的设计，都要从培养学生解决问题能力、促进学生完成任务的角度出发，调动学生的主动性，让学生成为大学英语写作学习中的主导者，更有利于学生将自己的英语知识和英语技能结合起来。大学生的心智较为成熟，他们能够控制自己的学习行为，能够自主学习。因此，在大学英语写作教学中，教师可以与学生交换角色，做课堂中的监督者和有效协助者，让学生自主去开展一些任务型教学活动。

第四节　听说教学的任务型教学模式

一、听力教学的任务型教学模式

（一）听力教学的任务型教学模式的要点

1.情境真实，便于操作

听力任务对学生来说，应该具有实际意义，贴近生活，使学生乐于参与、产生听的意愿和说的兴趣，因此创设的情境必须真实、自然。而真实的任务需要与学生的认知水平以及学生所处的教学环境相适应，便于操作，才能让学生在有限的课堂时间内顺利完成应有的学习任务，取得理想的教学效果。

2. 任务明确，充分准备

任务的实施需要学生明确任务的要求和目标，并充分做好前期的准备。在做好前期准备后，教师还要清晰地说明具体的要求和步骤。相互的信息只能口头告知，任务期间只能用英语沟通，因此在任务准备阶段要合理选择表达方式。

3. 指导及时，监督到位

任务型教学中的师生角色规定，学生是交际者、任务的沟通者，而教师则是扮演助学者（Facilitator）、组织者（Organizer）、监督者（Monitor）和"伙伴"（Partner）。因此，教师在组织开展任务后，应监督任务开展的秩序，以帮助者的身份进行指导。教师及时地调控可减少活动的自由性和随意性，而适当的引导可以帮助学生顺利地进行任务的准备和执行，有利于顺利完成学习任务。

（二）听力教学的任务型教学模式的策略

1. 强化任务教学管理，重视学生心理疏导

任务教学应根据学生的个体需要，制订不同的授课计划、教学目标、授课进度、考核要求，合理确定课堂的规模、教学手段、教学形式等内容的课程体系。如果对学生进行等级划分，优等生会产生骄傲的心理，基础差的学生可能会感到自卑，影响其学习的正常进行。教师要平衡学生心理，重视师生情感交流，建立和谐的师生关系，邀请英语学习成功者介绍成功秘诀，激发学生的学习兴趣，消除紧张、焦躁等负面情绪，增强自信心，从而最大限度地培养和激发学生对英语听力学习的爱好和兴趣。

2. 强化听力技巧训练，重视英语文化导入

听力理解是大脑对所听的内容进行思维加工、解释、判断并得出有关结论的主动学习过程，而大多数非英语专业学生英语发音不准，语言连贯力不强，影响对输入信息的准确理解。因此，教师要组织学生纠音，掌握语音、语调、重音等语音听力技能，了解英、美读音的区别，培养语感，减少以单词为感知单位的训

练，加强以句法结构为感知单位的训练。教师应帮助学生在中国语言文化的背景下，把英语国家的经济、政治、文化、历史、地理、风土人情以及英语国家人们的思维方式、行为习惯移入、吸收和消化，进而形成较强的英语思维能力，理解会话的真正含义，从而提高听力水平。

3. 丰富任务形式，营造课下听力环境

激发学生学习兴趣，需要丰富课堂教学内容的体现形式，将听力任务以游戏、对话、实景演练等形式呈现出来。让学生分组完成任务，小组内分工合作，小组间对比竞争，既提高了口语交际能力，又锻炼了组织能力、团队精神和竞争意识。学生可以像教师一样运用多媒体手段制作和播放与任务内容相关的视频或音频，提高听力教与学的实用性、应用性、体验性、趣味性以及创新性。

二、口语教学的任务型教学模式

（一）口语教学的任务型教学模式的原则

1. 可操作原则

在大学英语口语任务型教学活动中，任务设计者首先应充分考虑任务设计在英语口语课堂环境中的可操作性，尽量避免程序过于复杂、环节过多的课堂任务。设计者要根据教学活动的具体条件，围绕特定的语言环境和交际目的，科学设计出教学任务实施难度适中的课内外教学主题活动，为学生提供相关的任务操作模式或建议。在高校英语口语任务型教学活动中，只有具备了可操作性，大学生才不会对任务型口语学习满头雾水，因不知从何做起而对相关口语学习丧失兴趣。

2. 主体性原则

在高校英语口语任务型教学活动中，主体性是指学生在英语口语学习实践过程中表现出来的地位、作用、能力，即学生的主动、自主、有目的地活动的特性和地位。学生应该是英语口语学习任务的主体和完成者，在高校英语口语任务型教学活动中，他们在教师的引导下，以团队成员已有的知识为基础，通过成员间主动积极的辩论、交流、对话和角色扮演等活动，在英语口语的任务完成过程中，既能将目的语融会贯通，又掌握了新的口语知识，进而将学习成果扩展到自己已有的文化知识体系之中。

3. 实用性原则

在高校英语口语任务型教学活动中，任务型教学是一种有效的学习方法，任务的设计不能仅仅注重教学的形式和内容，还要充分考虑教学的效果。因此，在教学设计中教师要尽最大可能为学生的团队活动、个体活动创造有利的条件，充分利用有限的空间和时间，最大限度地为大学生提供交流和互动的机会，达到预期的教学目的和教学效果。

4. 原生态原则

在高校英语口语任务型教学活动中，如果语言脱离本身原汁原味的用法，学生就不能顺利地像母语使用者那样熟练地运用英语语言。因此，在学习过程中要将原生态的语言情境和语言形式相关联，提高学生对英语语言得体性的掌握水平。

（二）口语教学的任务型教学模式的策略

1. 创造愉快、和谐的口语环境

课堂心理环境既是指在课堂教学中，教师与学生之间围绕课堂教学内容、教学任务而形成的精神环境，也是指在课堂教学中影响学生认知效率的师生心理互动环境。良好的课堂心理环境，对于提高课堂教学效率、提高教学质量至关重要。任何有意义的语言交际活动都是在特定的语境下进行的，英语口语课语言环境作用于学生的感官，可以使学生产生交际的动机和运用语言进行交际的心智活动。因此，情境的设置效果就像真实场景的再现，能使学生产生真实的情感体验，从而在这种轻松而熟悉的环境中不受任何约束地体会语言、理解语言、运用语言，最终正确、流利地使用口语。

2. 导入情境会话与信息输入

事实证明，英语听、说能力主要生成于隐性知识和显性知识。显性知识是指人们储存的语言规则，它们可以有意识地对人们生成的语言形成监控；隐性知识则是语言规则的心理表征，是学习者内化了的语法，这种语法隐而不露，存在于人们对语言特性的本能感悟之中。我们能在交谈中持续用英语进行交流，主要依靠隐性知识。那么隐性知识是如何形成的呢？它虽然可以依靠课堂讲解和反复练

习，但主要依赖可理解的大量语言接触和输入，特别依赖把语言的结构和语言功能融合为一体的交际教学活动。隐性知识的增长是通过运用语言进行交际获得的，学习者最大限度地运用语言进行交际，强化语言的功能性练习，能够促进隐性知识的提高。因为这种交际是一种认知体验，能够催化新旧信息的重组与融合。

3. 加强学生交流、合作与分享

英语口语交际能力的提高，主要在"学"而不在"教"，教师应该把口语课堂的大部分时间留给学生，充分调动学生的积极性、主动性、创造性，让他们进行全方位的交流。教师应努力充当学生学习动机的激发者、学习任务的精心设计者、课堂活动的积极组织者、学习过程的有力监督者和指导者。任课教师必须以饱满的热情，公平、公正地对待每一名学生，细心观察学生的心理变化和细微的进步，从灌输式的机械教学模式中解脱出来进行角色的变更。为了更好地鼓励学生积极主动地参与课堂口语交际，必要时教师可以将全班学生分为若干个小组，每组4—6名学生。分组时，在学生自愿结合的基础上，教师进行适当微调。注意男女学生的搭配，性格内向与性格外向学生的搭配，口语表达能力强的与口语表达能力弱的学生搭配。每组选派一名组长，帮助教师组织本小组的一切活动，保证组员分工合作、相互帮助、轮流发言、机会均等。分组有利于口语课堂教学的顺利进行，有利于学生们减轻紧张情绪、相互学习、取长补短，有利于创建真实自然的英语环境，是为实现师生互动、学生间互动而搭建的实际平台。

第五节　翻译教学的任务型教学模式

一、翻译教学的任务型教学模式的原则

（一）以学生为中心的原则

以学生为中心的原则是指在任务型翻译教学模式中，教师要以学生为中心，引导学生充分发挥其在认识和实践中的主体作用。学生是知识建构的主体，学生的认知参与、主动思考直接影响任务的完成，离开学生积极主动的参与，任何学

习都是无效的。教是为学而存在、为学而服务的，教师的主导作用必须也必然有一个落脚点，这个落脚点只能是学生的学习。所以，教师一定要注重发挥学生的主体性，以学生为中心，从学生的需要和兴趣出发，根据学生的实际水平设计不同的任务，创设适当的学习情境，引导他们积极利用多种信息资源，与学习伙伴合作、协商，共同完成任务。教师必须激发学生的参与意识，为其提供参与机会，最大限度地发挥学生的主观能动性。翻译知识和技巧是由学生主动探索、思考、实践等体验和探究出来的，教师只是探究的组织者、指导者、促进者和评价者。

（二）以任务为主线的原则

任务型翻译教学模式区别于其他教学模式最根本的特点就在于它强调以各种各样的任务为主线，强调采用具有明确目标的"任务"来帮助学生更主动地学习和运用语言。任务就是一种活动，具有以意义为主、有某种交际问题需要解决、与真实世界的活动有某种联系、完成任务优先、以结果评估任务等五个特征。就任务型翻译教学而言，任务的内容主要有对比英汉语言文化、认知翻译理论和技巧、积累各种文体的翻译实践经验等。任务型翻译教学要求教师以任务为主线来组织教学，一直引导学生通过完成具体任务来学习翻译，并获得和积累相应的翻译知识和技巧，从而提高翻译能力。总之，该模式重视学生在执行任务过程中的参与和协作，重视学生在完成任务过程中的能力和策略培养。学生在学习时首先考虑的是如何完成学习任务，而不是学会某种语言形式；所谋求的目标不再是进行机械的语言训练，而是进行实际翻译能力的培养。

（三）以协作互动为方式的原则

翻译教学的任务型教学模式不仅重视培养学生独立探究的精神，还重视培养学生的协作精神，力求使学生在完成任务的过程中，通过生生之间、师生之间多向互动、协作，通过意义磋商、交流以及大量的语言输入和输出，培养和发展学生的实际翻译能力。任务的完成过程是协作互动的过程。一方面，协作互动有助于学生建立对任务更为全面的理解，加深对意义的建构；另一方面，协作互动会使学生产生让别人明白自己表达的需求和达到这一目的的喜悦，有助于激活学习动机，让其通过与他人的协作互动，从事大量翻译实践，积累翻译知识和技巧。

任务型翻译教学强调协作互动学习的重要性，将学生个人之间的竞争转化为学习共同体之间的竞争，培养了学生之间的协作精神和团队精神，也弥补了一个教师难以应对众多有差异的学生的不足，真正实现了使每个学生都能得到发展的目标。

二、翻译教学的任务型教学模式的建构

（一）任务准备环节

1. 任务范畴应广泛

任务涉及的领域应从传统的文学作品翻译扩展至经贸、科技、外交、军事翻译等。同时，任务的范畴还应包括翻译理论与技巧的学习，即教师应根据专业特点、社会需求和学生的认知现状，选择一些理论和技巧引导学生学习，让学生有意识地运用理论指导实践。另外，任务的设计还应注意语言形式与意义的结合。

2. 任务内容强调真实性

任务的内容应贴近学生生活和学习经历，与现实世界有某种联系。这种联系不应是笼统的，而应是具体的，能引起学生的共鸣和兴趣，激发学生积极参与的欲望。所涉及的情境和语言形式等要符合实际的功能和规律，使学生在一种自然、真实或类似真实的情境中体会翻译知识和技巧的应用。

3. 任务难度应循序渐进

教师应利用问卷调查、水平测试、座谈交流等多种形式了解学生的实际水平，并以此为基础设计学习任务。任务的设计应反映学生的认知规律，由简单到复杂，层层深入，前后相连，形成由初级任务向高级任务以及高级任务涵盖初级任务的循环，构成"任务环"，使教学呈阶梯式递进。

4. 任务完成形式多样化

学生可采取自主、结对或小组协作等形式来完成任务，可通过传统的图片、纸质材料等形式完成任务，也可以大量运用现代技术，通过录像、光碟、多媒体课件、网络论坛等电子材料形式完成任务，还可以通过参与具体的社会实践来完成任务。

（二）任务导入环节

1. 引导学生复习

在实施学习任务之前，教师应引导学生复习与任务有关的已掌握的知识和技巧。教师应尽量激活与任务相关的背景知识，减轻学生认知加工负担，为学生开展学习任务扫清障碍。教师可采用多种方式引导复习，如课堂提问、经验交流、多媒体课件等。

2. 适当提示陌生知识

对学生不熟悉的有关学习任务的话题进行提示。例如，提示任务中所涉及文体的特定翻译技巧和所涉及的某些关键词的翻译等。介绍的内容与任务的完成密切相关，介绍的方式根据教学实际可以是直接、明确的，也可以是间接、含蓄的。

3. 组织学习共同体

教师应组织学生结成对子或划分学习小组，组成学习共同体，教师向学生布置学习任务，使其理解、明确任务的内容、目标、完成时间及完成后应取得的成果等。教师在布置学习任务时的指令性课堂语言一定要简单明了，学习任务的目标越具体越好。

（三）任务实施环节

在任务实施过程中，教师可以先播放提前准备好的视频、图片、资料等内容，创建良好的教学氛围，吸引每位学生的注意力，使每位学生都能快速融入英语翻译教学的氛围当中。然后教师可以通过问题引导的方式将学生带入任务实施的氛围当中。例如，以"大学生的文化生活"为主题，由教师组织学生模拟召开信息发布会。首先，由教师利用多媒体信息技术等手段播放信息发布会的一些真实场景或者视频片段，增加每位学生对发布会流程、提问模式以及回答方式等内容的了解；其次，教师组织学生模拟发布会的场景，由一位或者几位同学扮演发言人发表讲话，一位或者几位同学扮演英文翻译，其他同学则扮演媒体记者。这种英文翻译方式能够告别过去英文翻译教学中过于依赖课本内容的教学模式，真正将学生解放出来，展现学生更多的才能。任务教学模式能够在充分调动学生学习积极性的同时，不断提升学生的英文翻译能力，使学生感受到英文翻译学习的乐趣，培养学生的英语思维能力和良好的英文翻译习惯。

（四）任务检验环节

评价是检验学生学习效果和教学质量的重要方式，其对教学活动的深入开展具有非常积极的影响。在学生完成任务之后，教师可以对学生在任务中的表现和任务完成结果进行评价。教师也可以直接评价每位学生、每个小组的任务实施结果，还可以组织学生进行互评。例如，在学生完成任务之后，教师可以组织学生采用互评的方式对每个小组的任务完成效果进行点评，比如，"哪一位学生的翻译质量非常好""哪一位学生的表达非常流畅"等。最后，由学生投票选出"最佳翻译奖""最佳合作奖""最佳表达奖"等多个奖项。教师可以设计模拟颁奖的场景，对表现优异的学生给予鼓励和嘉奖，或者增加学生的课堂表现分数等方式，增加任务教学模式的乐趣，提升学生英语翻译学习的自信心。

参考文献

[1] 石雏凤. 高校英语教学模式研究 [M]. 延吉：延边大学出版社，2019.

[2] 金月. 高校英语教学模式与创新实践 [M]. 延吉：延边大学出版社，2019.

[3] 包小丽. 混合式学习在高校英语专业教学中的应用研究 [M]. 北京：现代出版社，2018.

[4] 韩超峰. 高校英语翻转课堂教学模式研究 [M]. 郑州：郑州大学出版社，2018.

[5] 周英. 信息技术时代高校英语教学理论与模式构建研究 [M]. 北京：九州出版社，2020.

[6] 刘欣. 多模态视角下的大学英语教学模式研究 [M]. 北京：中国纺织出版社，2022.

[7] 张丽莉. 高校转型发展时期大学英语教学模式创新研究 [M]. 北京：中国财政经济出版社，2016.

[8] 李海侠，钱佳，牛素娟. 英语教学中翻译理论的多维度诠释及创新 [M]. 北京：中国商务出版社，2020.

[9] 牛敏. 商务英语写作及教学多维度创新探索 [M]. 北京：中国商务出版社，2022.

[10] 张云. 多元互动式教学模式与英语教学研究 [M]. 北京：北京工业大学出版社，2018.

[11] 申志华. 高校英语教学模式创新的多维审视 [J]. 食品研究与开发，2022，43（21）：241.

[12] 许敏. 基于混合式学习理论的高校英语一体化教学模式探析 [J]. 教育教学论坛，2022（29）：141-144.

[13] 杨可. 基于游戏化理念的高校英语教学模式探究 [J]. 陕西教育（高教），2022（1）：28-29.

[14] 刘丽丽. 线上线下混合式教学模式在高校英语教学设计中的运用 [J]. 海外英语，2021（18）：151-152.

[15] 王春霞.大数据视域下高校英语教学模式创新研究[J].海外英语,2021(18):
173–174.

[16] 刘艳峰.多样化教学模式在高校英语教学中的应用[J].文教资料,2021(14):
216–218.

[17] 黄永平.多维互动教学模式在高校英语教学中的应用初探[J].英语广场,
2019(11):125–126.

[18] 吕英娜.基于项目式学习的高校英语写作教学模式分析[J].英语广场,2022
(5):124–126.

[19] 刘娣.高校英语专业视听说课程多模态混合式教学模式研究[J].英语广场,
2022(23):92–95.

[20] 王芳.高校英语课程多样化教学模式研究[J].现代交际,2017(15):133.

[21] 李兰蒙.多模态大学英语教学模式建构——教师行为与学生信念的契合[D].
天津:天津理工大学,2021.

[22] 魏华燕."互联网+"条件下英语课堂教学模式的构建与实践研究[D].重庆:
西南大学,2021.

[23] 谢广阔.基于学习投入的英语混合教学模式研究[D].上海:上海外国语大
学,2020.

[24] 梁丽.多模态话语分析视角下的大学英语教学模式研究[D].沈阳:沈阳师范
大学,2016.

[25] 邓丽红.翻转课堂教学模式在大学英语教学中应用的实验研究[D].桂林:广
西师范大学,2016.

[26] 张伟.基于微课的大学英语翻转课堂教学模式研究[D].重庆:四川外国语大
学,2016.

[27] 张聪.基于"基础+专业"的高职公共英语教学模式构建[D].秦皇岛:河北
科技师范学院,2014.

[28] 贾竑.计算机网络环境下大学英语生态化教学模式之构建研究[D].齐齐哈
尔:齐齐哈尔大学,2014.

[29] 吕炯.跨文化传播视角下的大学英语教学模式探析 [D]. 合肥：中国科学技术大学，2013.

[30] 关爱华.基于输入输出理论的大学英语写作教学模式研究 [D].哈尔滨：哈尔滨师范大学，2015.